Werner J. Neuner

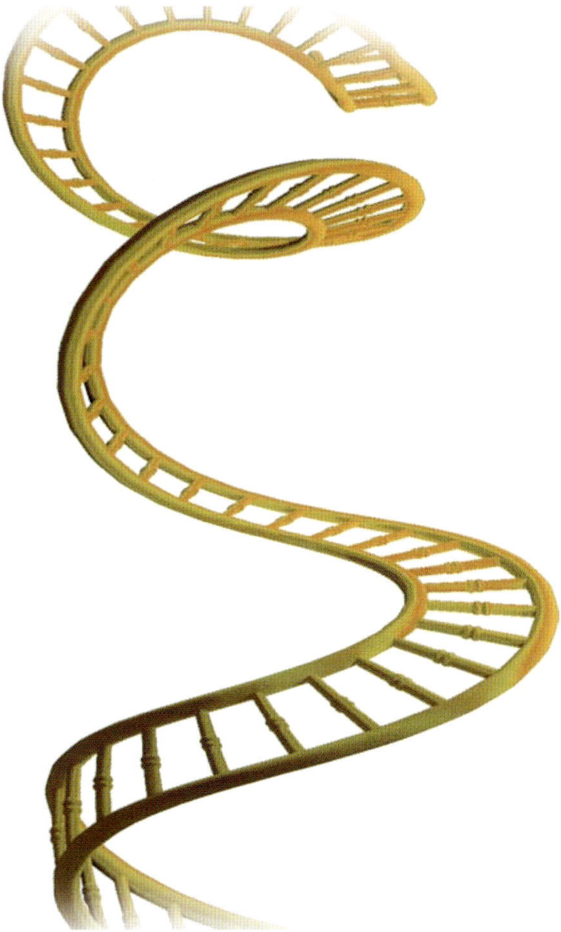

Das Urcode Orakel

Dein Wegweiser

Verlag Werner Neuner
Home: www.neunercode.com
Email: info@neunercode.com

Satz, Fotos und Grafiken: Werner J. Neuner

Lektorat:
Katharina Ledermann Obermühlner und Susanne Petschauer

ISBN: 978-3-902280-336

1. Auflage August 2019

Vorbehaltserklärung:
Der Zweck dieses Buches und dieser Karten ist es, den Lesern und Anwendern ein Hilfsmittel für die seelische und geistige Weiterentwicklung in die Hand zu geben.
Sämtliche Methoden und Anwendungen sind Hilfsmittel für die energetische Arbeit. Sie stellen keinen Ersatz für ärztliche Dienste oder schulmedizinische Behandlungen dar.
Die Anwendung der beschriebenen Methoden geschieht in gänzlicher **Eigenverantwortung**. Im Falle eines Verlustes oder Schadens, der direkt oder indirekt mit den in diesem Werk enthaltenen Informationen und Anwendungen in Verbindung gebracht werden kann bzw. könnte, sind weder der Verleger, noch der Autor oder der Verlag verantwortlich oder schadensersatzpflichtig. Ebenso wird jede Haftung für Personen-, Sach- oder Vermögensschäden ausgeschlossen.

Inhalt

Vorwort

In jedem Augenblick ist der Urcode millionen- und milliardenfach aktiv. In deinem Körper, in jedem Baum, in jeder Blüte, in jedem Vogel, in jeder Ameise, schlicht in jedem Lebewesen dieser Erde. Dies ist ein und derselbe Code, der die Lebensfunktionen jedes organischen Organismus steuert.

Auf der körperlichen Ebene erschafft er die Zellerneuerung deines Körpers, das Wachstum der Blätter des Baumes, den Duft der Rose, die Sehschärfe des Adlers. Einfach alles, was wir an organischer Lebendigkeit sehen, riechen und spüren. Abgelesen wird der Urcode in der individuellen DNA jedes Lebewesens, in Form eines „Codons", das aus drei Basisinformationen besteht.

Doch die DNA ist weit mehr als das, was wir auf der körperlichen Ebene erkennen können. Sie ist ein enorm komplexes Informationsgewebe, das sowohl auf der äußerlich sichtbaren, als auch auf der unsichtbar seelischen Ebene wirkt. Die DNA empfängt Informationen wie eine Antenne und sie strahlt Informationen ab. Die Quelle von dem, was wir als Ausstrahlung eines Menschen oder als „Aura" bezeichnen, ist die lebendige DNA mit ihren Sende- und Empfangsfähigkeiten.

Wenn wir wissen wollen, wie unser Lebensweg weitergehen soll und was unser Seelenplan wäre, tragen wir diese Informationen stets in uns. Und zwar in jeder einzelnen Zelle unseres Körpers. Unsere DNA überströmt uns förmlich mit diesen Hinweisen.
Das Problem liegt aber darin, dass wir diese Hinweise nur selten so deutlich erkennen und spüren, dass wir sie auch zu deuten wissen. Wir können unser eigenes Informationsfeld kaum lesen, aufgrund unserer kollektiven Entfremdung vom Leben und von der Mutter Erde.

Genau an diesem Punkt entfalten dieses Buch mit seinen Karten ihre Wirkung. Die lyrisch gehaltenen Texte und die künstlerisch gestalteten Karten berühren dich in deiner Seele. Du kannst mit jeder Lebensfrage an das Urcode-Orakel herantreten. Es wird dir Hinweise geben, wie du den Einklang mit deinem Seelenplan wiederfinden kannst. Es verbindet dich mit der einzigartigen Dynamik deines Lebens und mit der liebevoll nährenden Kraft der Mutter Erde.

Möge es dich inspirieren und begeistern!

Werner J. Neuner, Juni 2019

Teil 1
Der Urcode

Der Aufbau des Kartensets

Du findest hier zwei verschiedene Kartentypen, die du vor allem anhand deren Rückseite unterscheiden kannst.
Die 12 Codon-Karten sind jene, aus denen du bei der Befragung des Urcode-Orakels drei Stück ziehen wirst. Diese drei Karten ergeben einen DNA-Code, der auf eine der 64 Urcode-Karten passt. Diese Urcode-Karte beschreibt die Antwort auf deine Frage.

Die Codon-Karten

Die Codon-Karten entsprechen jenen Basis-Informationen, die das Codon aus unserer DNA abliest. Eine genauere Beschreibung dieses höchst interessanten biologischen Vorgangs findest du im Anhang dieses Buches.

Das biologische Codon besteht aus drei Informationen. Jede dieser Informationen wird durch eine Base dargestellt, entweder durch A Adenin, C Cytosin, G Guanin oder T Thymin (das sich zu U Uracil verwandeln kann). Ein Codon lautet z. B. A C C; oder T G A usw. Es gibt 64 verschiedene Codons.

Nachdem diese Bezeichnungen sehr „chemisch" und nicht wirklich greifbar sind, wurden sie in diesem Kartenset durch die vier Elemente dargestellt.
Element Luft (statt Adenin), Wasser (satt Thymin bzw. Uracil), Feuer (statt Guanin) und Erde (statt Cytosin).

Damit alle 64 möglichen Codons gezogen werden können, gibt es für jedes Element drei Karten, also drei Feuer-Karten, drei Wasser-Karten usw.

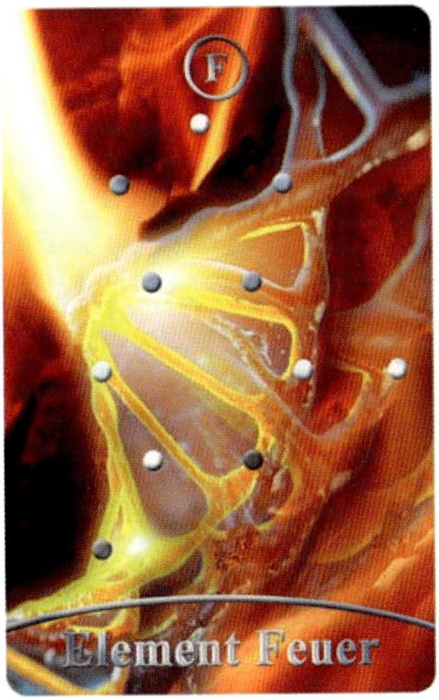

Auf jeder dieser Elemente-Karte siehst du eine ganz bestimmte Anordnung von Punkten. Diese stellen die Molekular-Struktur der entsprechenden Base dar. Bei der Feuer-Karte z. B. sind die Punkte genauso angeordnet, wie die Moleküle in der entsprechenden Base G Guanin.

Solch eine symbolische Darstellung erschafft ein Feld und eine Wirkung. Wenn wir mit diesen Karten das Orakel befragen, gehen wir dadurch in eine klare Verbindung mit unserem biologischen System. Auch wenn der logische Verstand nicht weiß, was das bedeuten soll, erkennt es dennoch unser Energiefeld sehr genau.

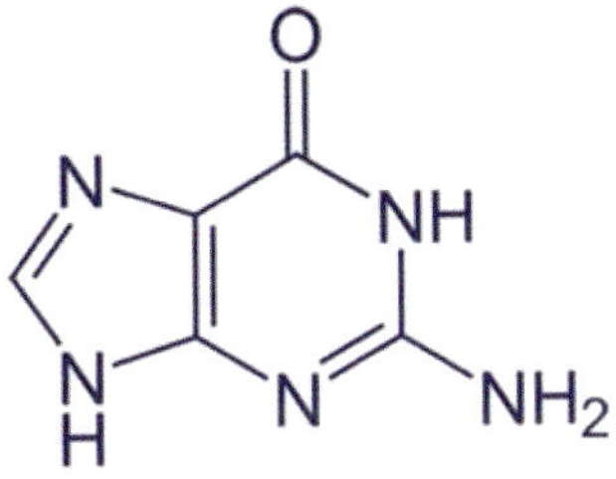

Molekularstruktur des Guanin

Die Urcode-Karten

Wenn unser Körper neue Zellen aufbaut, öffnet sich unsere eigene DNA wie ein Reißverschluss. In diese geöffnete DNA tritt die sogenannte Messenger-RNA ein. Diese RNA kopiert sich aus der DNA einen ganz kurzen Abschnitt, der aus drei Basisinformationen besteht. Diese Kopie ist das „Codon“ und lautet z. B. A U G.

Dieser DNA-Code, den das Codon nun in sich trägt, ist der Schlüssel für eine ganz bestimmte Aminosäure. Das Codon „ruft“ mit diesem Code eine Aminosäure herbei.

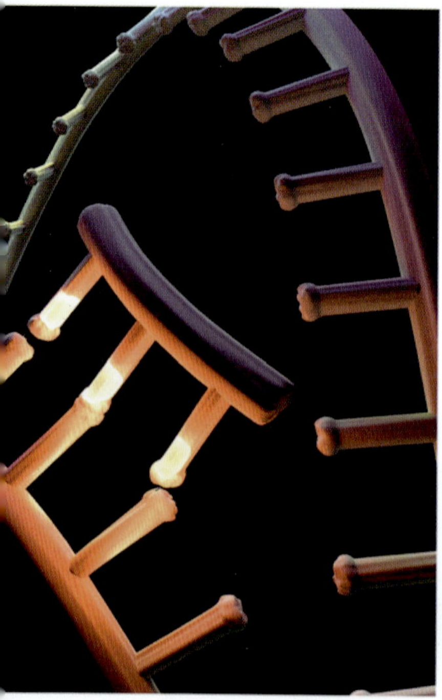

Die nächste RNA kommt mit einer weiteren Kopie (einem weiteren Codon) hinzu und ruft damit ebenfalls eine Aminosäure herbei. Das wiederholt sich vielfach und die herbeigeholten Aminosäuren werden miteinander verkoppelt. Sie bilden eine „Peptidkette" (bestehend aus 40 bis 4000 Aminosäuren), aus der schließlich die Zellwand der neuen Zelle entsteht.

Die Aminosäuren sind die Grundbausteine allen organischen Lebens. Obwohl es in der Natur etwa 250 verschiedene Aminosäuren gibt, verwendet das Leben nur 20 davon. Und zwar genau dieselben 20, der Mensch genau dieselben wie der Vogel, der Baum und die Ameise.

Die Messenger-RNA trägt also einen Code (das Codon) in sich. Welches Codon nun welche der 20 Aminosäuren herbeiruft, ist genau festgelegt. Das ist der Urcode, der für jedes Lebewesen exakt derselbe ist. Ist es nicht erstaunlich, dass alles nach demselben Urprogramm abläuft? Es gibt in der Basis keinen Unterschied zwischen unserem pulsierenden Herzen und dem heranwachsenden Blatt eines Baumes. Alles ist tatsächlich eins!

Erstaunlich ist außerdem, dass dieser Urcode in der sichtbaren Welt nirgends festgeschrieben steht. Es gibt keine „Liste", in der z. B. die Aminosäure „Methionin" nachschaut, um zu wissen, dass sie gemeint ist, wenn das Codon „A U G" ausgerufen wird. Diese „Liste" existiert in der materiellen Wirklichkeit nicht. Sie ist vielmehr das „Urcode-Basisprogramm", das uns als globales Informationsfeld (als „Matrix") jederzeit umgibt.

Es gibt 64 Kombinationsmöglichkeiten, also 64 verschiedene Codons. Alles beginnt immer mit dem Start-Codon, mit A U G und mit der dazu gehörigen Aminosäure „Methionin".
Im Kartenset entspricht das dem Codon L W F (Luft, Wasser, Feuer). Das ist der DNA-Code für die Urcode-Karte „1, Erneuerung".

Danach kommen weitere Codons und weitere Aminosäuren (40 bis 4000 an der Zahl), bis eines der drei Stop-Codons (U A A, U A G oder U G A) erscheint. Diese drei Codons rufen keine Aminosäure mehr herbei, sondern sagen unserem System, dass die Peptidkette nun fertig ist. Diese Stop-Codons sind von extremer Wichtigkeit, da sie ein unkontrolliertes Zellwachstum verhindern.
Im Kartenset entspricht das erste Stop-Codon dem W L L (Wasser, Luft, Luft), aus dem sich die Karte Ω1, Omega 1 ergibt. Das zweite ist das W L F (Wasser, Luft, Feuer) mit dem Ω2, Omega 2, das dritte W F L (Wasser, Feuer, Luft) ergibt das Ω3, Omega 3.
Auf der seelischen Ebene beschreiben diese Omega-Karten, wie notwendig es ist, Dinge auch zu einem Abschluss zu bringen oder einen Menschen, der gehen will, auch loszulassen. Wer nicht loslassen kann, sammelt zu viel Ballast in seinem Leben an. Ballast, der ihn am Weiterkommen hindert, ihn unglücklich macht und das Rad seines Lebens ins Stocken bringt.

Schauen wir uns die 64 Urcode-Karten jetzt etwas genauer an. Du erkennst sie daran, dass auf ihrer Rückseite „Urcode" steht.

Du hast z. B. aus den Codon-Karten die Reihenfolge L W F (Luft, Wasser, Feuer) gezogen. In der Liste (siehe später) siehst du, dass sich daraus die Karte „1, Erneuerung" ergibt. Am unteren Rand der Karte findest du diesen DNA-Code: L W F. Daneben steht „Thema: Aufbruch“.

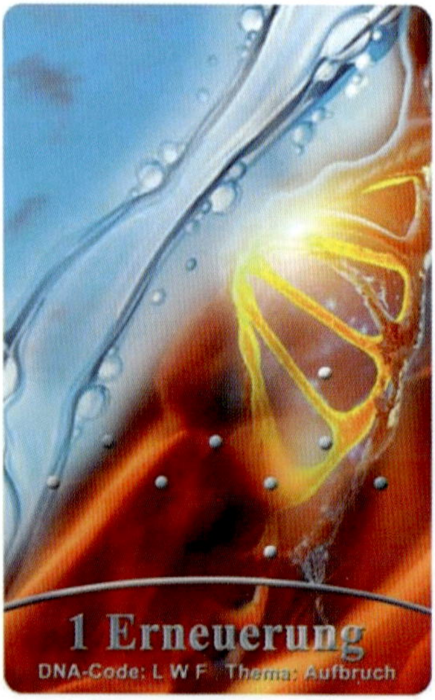

Es gibt insgesamt 20 Themen, die sich durch dieses Urcode-Orakel ziehen. Manche Themen wirst du nur auf einer einzigen Karte finden, wie z. B. das Thema „Aufbruch“, das einzig auf zur Karte „1, Erneuerung“ gehört. Andere Themen, wie z. B. das Thema „Erfahrung“, erscheint auf insgesamt 6 Karten.

In der biologischen Natur ist das genauso. Für die Aminosäure Methionin (die dem Thema „Aufbruch“ entspricht) gibt es nur ein einziges Codon, welches sie herbeiruft. Das Thema „Erfahrung“ entspricht der Aminosäure Arginin, das von 6 verschiedenen Codons aufgerufen wird.

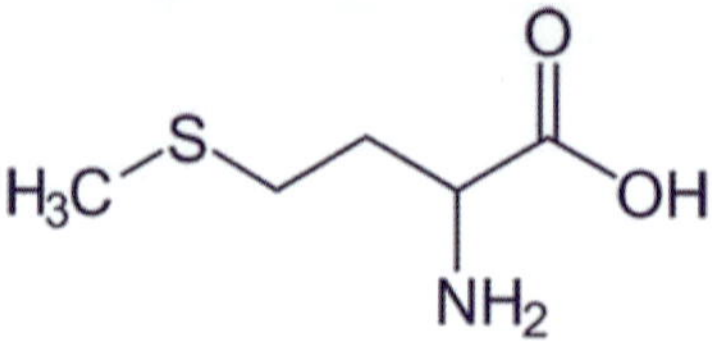

Molekularstruktur der Aminosäure Methionin

So wie auf den Codon-Karten findest du auch auf den Urcode-Karten mehrere Punkte in einer ganz bestimmten Anordnung. Auch diese Punkte stellen eine Molekularstruktur dar. Die Punkte auf der Karte „1, Erneuerung“ entsprechen der Anordnung jener Atome, aus denen die Aminosäure Methionin (die dem Thema „Aufbruch“ entspricht) besteht.

Durch diese Molekular-Darstellung der dahinterstehenden biologischen Abläufe bekommen die Karten eine besondere Kraft. Sie verbinden uns dadurch in gezielter Weise mit dem Urcode.

Die Befragung des Urcode-Orakels

Mit jeder persönlichen Frage kannst du dich an das Urcode-Orakel wenden. Besonders bei Seelenfragen, bei denen es um Liebe und Partnerschaft geht, um berufliche Entscheidungen, oder um Erfolg und Geldfluss, wird dieses Orakel dir wertvolle Hinweise und Orientierungen geben.

Nimm zuerst die 12 Codon-Karten in deine Hände. Konzentriere dich einen Moment lang auf deine Frage, während du diese 12 Karten zwischen deinen Händen haltest. Über deine Handflächen (die eine Fülle an „DNA-Antennen" haben) überträgst du die Energiemuster deiner Frage an die Karten.

Mische diese 12 Karten durch und lege sie vor dir auf, mit der Rückseite nach oben. Ziehe daraus 3 Karten, wobei die Reihenfolge entscheidend ist. Diese drei Karten legst du nebeneinander vor dir auf.

Du hast z. B. die Karten „Element Luft", „Element Erde" und nochmals „Element Luft" gezogen.

Das ergibt einen Code, nämlich L E L.
Nun schaust du in dieser Liste nach.

Die Liste der Urcodes

Code			Urcode-Karte	Spiegelbild	Weg	Ergänzung
L	L	L	8, Gedeihen	30	48	29
L	L	F	9, Formen	31	47	28
L	L	W	6, Empfindungen	32	50	27
L	L	E	7, Sehnsucht	33	49	26
L	F	L	12, der Weg	34	44	25
L	F	F	13, Erkundung	35	43	24
L	F	W	10, Umbruch	36	46	23
L	F	E	11, Visionen	37	45	22
L	W	L	61, Heimkehr	38	56	21
L	W	F	1, Erneuerung	39	55	20
L	W	W	59, die Lösung	O1	58	19
L	W	E	60, Mutter Erde	O2	57	18
L	E	L	4, Orientierung	40	52	17
L	E	F	5, Ausrichtung	41	51	16
L	E	W	2, Wanderung	O3	54	15
L	E	E	3, Selbstfindung	42	53	14
F	L	L	24, Aufrichtung	43	35	13
F	L	F	25, die Gabe	44	34	12
F	L	W	22, Erkennen	45	37	11
F	L	E	23, Kraft	46	36	10
F	F	L	28, Mutterliebe	47	31	9
F	F	F	29, die Wärme	48	30	8

Code			Urcode-Karte	Spiegelbild	Weg	Ergänzung
F	F	W	26, Genesung	49	33	7
F	F	E	27, Geborgenheit	50	32	6
F	W	L	16, Entfesselung	51	41	5
F	W	F	17, Sinnlichkeit	52	40	4
F	W	W	14, die Tiefe	53	42	3
F	W	E	15, das Erspüren	54	O3	2
F	E	L	20, Vertrauen	55	39	1
F	E	F	21, Erschaffen	56	38	61
F	E	W	18, die Entstehung	57	O2	60
F	E	E	19, die Geburt	58	O1	59
W	L	L	Ω1, Omega 1	59	19	58
W	L	F	Ω2, Omega 2	60	18	57
W	L	W	38, Klarheit	61	21	56
W	L	E	39, der See	1	20	55
W	F	L	Ω3, Omega 3	2	15	54
W	F	F	42, Alchemie	3	14	53
W	F	W	40, Vereinigung	4	17	52
W	F	E	41, das Portal	5	16	51
W	W	L	32, Rückzug	6	27	50
W	W	F	33, Wiederkehr	7	26	49
W	W	W	30, Empfängnis	8	29	48
W	W	E	31, Urfrau	9	28	47
W	E	L	36, Lebendigkeit	10	23	46
W	E	F	37, Erfolg	11	22	45
W	E	W	34, Freundschaft	12	25	44
W	E	E	35, Verbundenheit	13	24	43

Code			Urcode-Karte	Spiegelbild	Weg	Ergänzung
E	L	L	53, befreite Liebe	14	3	42
E	L	F	54, Hingabe	15	2	O3
E	L	W	51, Wertfreiheit	16	5	41
E	L	E	52, freier Flug	17	4	40
E	F	L	57, Wachsamkeit	18	60	O2
E	F	F	58, Fortschritt	19	59	O1
E	F	W	55, Wahrnehmung	20	1	39
E	F	E	56, Spiegelung	21	61	38
E	W	L	45, Seelenwege	22	11	37
E	W	F	46, Selbsterfahrung	23	10	36
E	W	W	43, Wahrheit	24	13	35
E	W	E	44, Belebung	25	12	34
E	E	L	49, Bewusstsein	26	7	33
E	E	F	50, Mut	27	6	32
E	E	W	47, Liebeskraft	28	9	31
E	E	E	48, Strahlkraft	29	8	30

In der Liste siehst du, dass L E L die Karte 4, Orientierung ergibt. Das ist jene Karte, welche dir die zentralen Impulse auf deine Frage gibt. Such dir diese Karte heraus und lege sie links über der ersten Codon-Karte auf.

Neben der Karte 4, Orientierung stehen auf der Liste drei weitere Zahlen für drei weitere Karten. Das Spiegelbild ist hier die Karte 40. Suche sie heraus, du wirst sehen, dass es sich um 40, Vereinigung handelt. Lege sie neben der Hauptkarte, über der zweiten Codon-Karte auf.

Die Karte für den Weg ist 52, freier Flug. Suche dir auch diese heraus und lege sie neben der Spiegelbild-Karte (neben der 40, Vereinigung) auf.

Die letzte Karte ergibt die Ergänzung. In diesem Fall ist das die 17, Sinnlichkeit. Die Ergänzungskarte liegt quer über den anderen drei Urcode-Karten.

Das ergibt nun folgendes Bild:

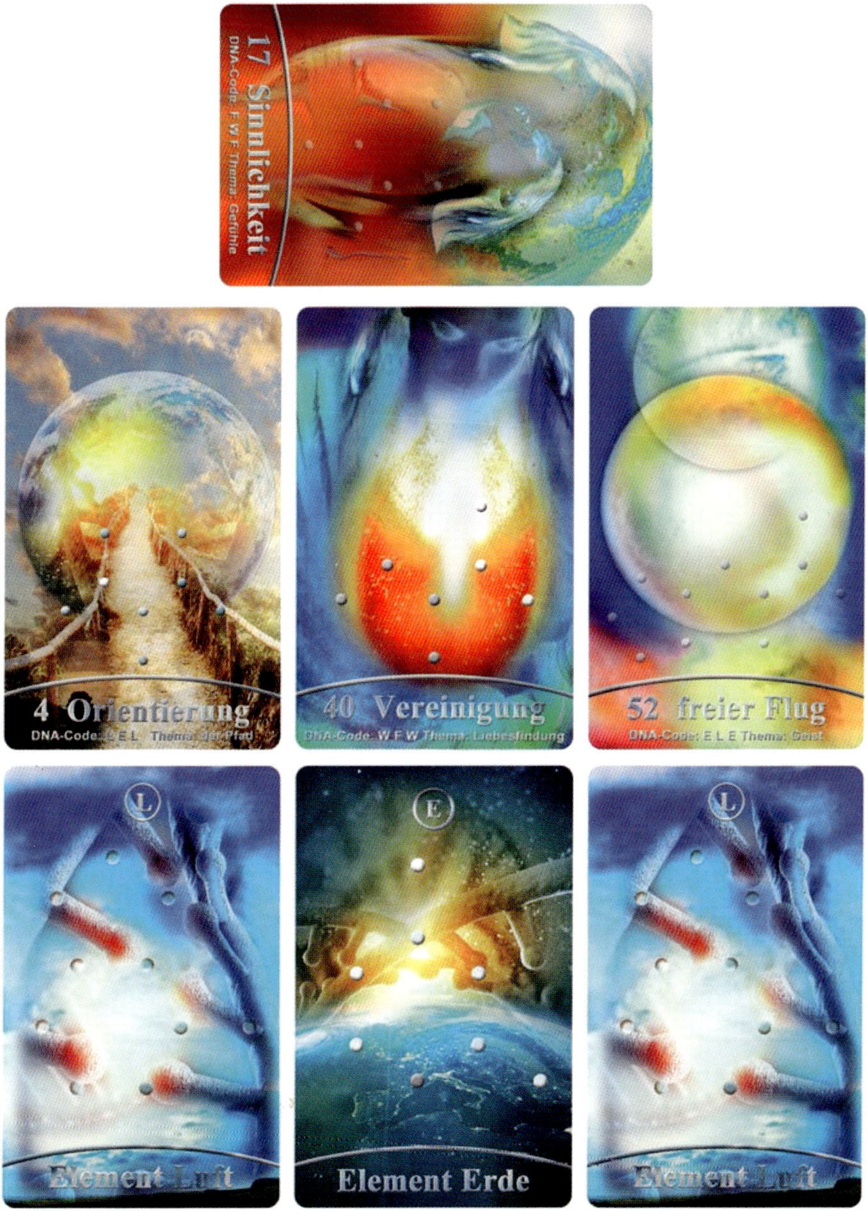

Lass dieses Bild auf dich wirken. Durch die farbliche und künstlerische Gestaltung allein schon werden sie mit deinem inneren Wesen, deiner Seele kommunizieren.

Nun kannst du zum Text gehen.
Die Karte 4, Orientierung ist in diesem Fall die Hauptkarte. Du findest ihre Beschreibung in diesem Buch. Die Texte zu den Karten sind in einer lyrischen Seelensprache gehalten. Sie erzählen eine Geschichte, die mit dir, mit deiner Frage in Resonanz gehen. Beachte beim Lesen, welche Sätze und Formulierungen dich am stärksten berühren. Diese zeigen dir in besonderem Maße, worin der Hinweis und der Orientierungsimpuls aus dem Urcode-Orakel für dich gerade besteht.
Deine Resonanz darauf kann sowohl wohltuend, aber auch abwehrend oder aufwühlend sein.

Im Text findest du zuerst das Thema und dann die Deutung der Hauptkarte (hier 4, Orientierung). Worin der Zusammenhang zwischen der Hauptkarte mit dem Spiegelbild (hier 40, Vereinigung) und mit der Wegkarte (hier 52, freier Flug) besteht, ist hier ebenfalls beschrieben.
Zur Ergänzungskarte gibt es keinen Text. Sie wirkt im Hintergrund. Ihre Bedeutung entfaltet sich vor allem durch ihre bildhafte Darstellung.

Lass diese Karten durchaus eine Weile liegen, wenn möglich auch über mehrere Tage hinweg. Sie gehen in eine recht intensive Wechselwirkung mit dir, mit deinem System und vor allem mit deiner Seele.

Die Erweiterung

Du kannst die Befragung des Urcode-Orakels mit weiteren Impulsen und Hinweisen erweitern. Empfehlenswert ist es allerdings, dies erst nach zwei bis drei Tagen zu tun. Während dieser Zeit soll das bisherige Set (mit den drei Codon-Karten und den vier

Urcode-Karten) an einem ruhigen Ort für dich sichtbar aufgelegt bleiben.

Eine Erweiterung ist allerdings nur dann möglich, wenn im aufgelegten Set keine Omega-Karte liegt. In unserem Beispiel ist das der Fall.

Du hast noch 9 Codon-Karten.
Nimm nun diese zwischen deine Hände und lege abermals deine Frage an das Orakel dort hinein, sowohl mit gedanklicher, als auch mit emotionaler Kraft.

Ziehe wieder drei Codon-Karten und lege sie vor dir auf.
Nehmen wir an, du hast nun die Karten Element Erde, Element Feuer, und Element Luft gezogen.
Das ergibt den DNA-Code E F L.
In der Liste siehst du, dass es sich um die Karte 57, Wachsamkeit handelt.

Nun gilt folgende Regel:
Nur wenn diese Karte im bisherigen Set nicht vorkommt, gibt dir das Orakel eine weitere Antwort.
Das ist hier der Fall.
57, Wachsamkeit war im ersten Set nicht vorhanden.
Du hast eine weitere Antwort erhalten:
57, Wachsamkeit ist die Hauptkarte, mit dem Spiegelbild 18, die Entstehung, mit dem Weg 60, Mutter Erde und mit der Ergänzungskarte Ω2, Omega 2.

Dieses zweite Set kannst du neben dem ersten Set auflegen.
Lass nun beide Kartensets auf dich wirken.
Dann kannst du die Bedeutung bei 57, Wachsamkeit nachlesen.

Eine dritte und vierte Erweiterung wäre möglich, doch nicht in diesem Beispiel. Denn hier liegt im zweiten Set bereits eine Omega-Karte, die den Abschluss anzeigt.

Auch für eine mögliche dritte und vierte Erweiterung solltest du dir Zeit lassen, ebenfalls zwei bis drei Tage.

Diese Karten wirken sehr stark. Gehe achtsam mit deinen Befragungen um, mache sie nicht zu häufig. Achte auch auf deine Träume, die du nach einer Befragung haben wirst.

Teil 2
Die Deutung der Karten

1 Erneuerung

DNA-Code:
L W F

Elemente:
Luft, Wasser, Feuer

Thema 1: Aufbruch
Das Feuer ist entfacht.
Dort, im Urgrund, haben die Kräfte sich versammelt.
Sie brechen nun auf.
Ich habe dir den Mut in dein Herz gesetzt,
damit du das unbekannte Gelände vor dir
durchwandern kannst.

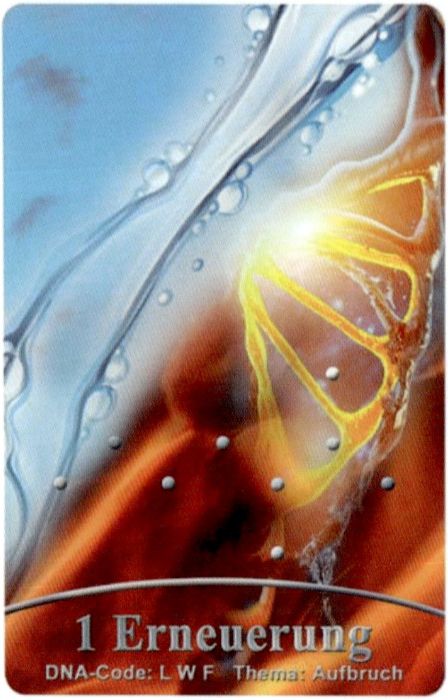

Deutung der Karte:
Ein klarer Lichtimpuls belebt und aktiviert deinen Seelenplan. Der Impuls ist feurig.
Alles, was dir selbst und deinem wahren Wesen entspricht, wird durch diesen Lichtimpuls beleuchtet und soll sichtbar werden. Es geht dabei vor allem um deine nächsten Schritte auf deinem Seelenweg.

Was will von dir gelebt werden?
Was kann oder „darf" von dir nicht gelebt werden, weil angeblich bestimmte Umstände es verbieten oder dich daran hindern?
Gestattest du den Störprogrammen auch weiterhin, dich bei deiner Entfaltung zu behindern?

Oder bist du bereit, über die fiktiven Grenzen hinaus zu gehen? Spürst du das Feuer in dir?

Der starke Lichtimpuls beflügelt deinen Geist. Dies ist eine gute Zeit, um jene Ideen, die dir „zufliegen", aufzugreifen und auszuprobieren. Was von diesen Ideen real funktionieren kann oder nicht, wird die Zeit zeigen. Wesentlich ist lediglich, dass du dies und das spielerisch ausprobierst.
Habe den Mut, das Ungewohnte und das Ungewöhnliche zu tun! Denn Entfaltung findet nur dann statt, wenn etwas versucht wird, was bisher noch nicht da war.

Die erwachten Lebenskräfte kommen ins Fließen. Das Fließen bringt immer auch Veränderungen mit sich. Du stehst am Anfang einer Reise. Am Ende dieser Reise wirst du nicht mehr jener sein, der du heute bist.
Die anstehenden Veränderungen stehen im Einklang mit deinem Seelenplan. Im Grunde sind es die stets fließenden Seelenkräfte, die die Regie übernehmen wollen, um dich in ein neues Land zu bringen. Von deinem Mut hängt es ab, wie weit du bei dieser Reise vorankommen wirst.

Das Spiegelbild: 39 der See

Das Spiegelbild ist „39, der See" mit dem stillen Raum.
Auf deiner Reise der Erneuerung brauchst du diesen stillen Raum und den Blick auf die ruhige Oberfläche des Sees. So feurig der innere Impuls in dir auch sein mag, so wesentlich sind auch die Zeiten des Innehaltens.
Das stille Wasser spiegelt dir dein Ebenbild wider. Nutze diese Zeiten der Selbstreflexion, um deine Kräfte zu erneuern. Weitere Ideen werden dir dabei zufließen. Du wirst erkennen, welche Tore sich dir eröffnen wollen.

Der Weg: 55 Wahrnehmung

Durch feurige Lichtimpulse sind deine Seelenkräfte erwacht. Jetzt geht es darum, dass deine Wahrnehmung sich weitet, damit du über fiktive Grenzen hinausgehen kannst. Siehst du, wie über dir das Licht aus den geistigen Sphären dich und deinen Geist beflügeln? Siehst du aber auch, dass genau dieses Licht deine Wege beleuchtet, die dich über die Mutter Erde führen?

Dein weit werdender Geist nimmt beides wahr. Einerseits erkennst du die lichtvollen Impulse, spürst sie in dir und lässt dich davon begeistern. Andererseits geht es aber auch darum, den Weg der Erneuerung real umzusetzen und konkrete Veränderungen in deinem Leben durchzuführen.

2 Wanderung

DNA-Code:
L E W

Elemente:
Luft, Erde, Wasser

Thema 2: der Pfad
Weites Land.
Offenes Land in Erwartung.
Gebe der Sehnsucht in dir nach und ziehe weiter.
Das weite Land, es nimmt dich auf.
Ziehe hinaus, um zu begegnen.
Ziehe hinaus, um zu erfahren.

Deutung der Karte:
Am Anfang eines Weges befindest du dich. Deine Wanderung hat begonnen. Ein weites und offenes Land liegt vor dir. Und siehe, der Weg führt dich in einen noch unbekannten Raum, der empfangsbereit mit Wärme sich für dich öffnet. Zur Mutter Erde führt er dich hin, zu diesem blauen Planeten, dessen Kind du bist.

Ein Erdenkind bist du.
Bist du dir dessen bewusst?
Erinnerst du dich daran, dass jede Zelle deines Körpers von der nährenden Liebe der Erdenmutter erschaffen und durchdrungen wird?

Ein isoliertes Individuum bist du keinesfalls. Dein Geist ist verbunden und einverwoben in das atmosphärische Feld der Mutter Erde. Deine Seele ist eingebettet in ihre Mutterliebe. Dein Sein ist wesentlicher Teil jenes großen Lebensplans, der Evolution genannt wird. Alles Leben, jeder Mensch, jedes Tier und jedes Pflanzenwesen vollziehen mit dir einen Liebestanz, jederzeit.

Es liegt an dir, diese allumfassende Verbundenheit zu erfahren. Um Erfahrungen geht es nun auf deinem Weg. Erfahrungen, die du durch Begegnungen erleben kannst und sollst.
Bei Begegnungen mit anderen kommen stets Lebenskräfte ins Fließen. Das Fließen ermöglicht den Austausch von Energiemustern, von Gedanken und Emotionen. Spüre jene, die dir begegnen. Spüre und erfahre deren Sein. Lass den Austausch an Lebenssäften geschehen, der zwischen dir und dem Du sich vollziehen will.

Vertraue auf diesen Weg, der dich zur Mutter Erde, zur Materie, zu den stofflich sinnlichen Erfahrungen hinführen will. Es ist der fließende Weg des Lebens, der stets durch die Urkraft der Entfaltung und der Evolution begleitet sein wird. Ein wesentlicher Teil dieser Urkraft bis du selbst. Nimm sie wahr, deine Wirkkraft und genieße all jene Erfahrungen, die auf dich zukommen wollen.

Das Spiegelbild: Ω 3 Omega 3

Die Wanderung spiegelt sich an der Abschlusskarte „Omega 3“. Das ist jene Karte, die zwar von einem Abschluss spricht, andererseits aber gleichzeitig den sehr baldigen Beginn eines neuen Weges ankündigt.
Lasse all das zurück, was dich bei deinem Weiterkommen behindert. Reise mit leichtem Gepäck!
Da du am Beginn deiner Wanderung stehst, solltest du immer wieder mal innehalten. Der Weg, der vor dir liegt, ist noch weit und erfahrungsreich. Halte inne und sammle deine

Kräfte. Gib dir Zeit, dich zu erholen und das Erlebte zu verdauen. Höre in den Momenten des Innehaltens auf jene Botschaft, die die gemachten Erfahrungen für dich beinhalten.

Der Weg: 54 Hingabe

Indem du deinen Weg begonnen hast, gibst du dich dem Leben hin. Diese Hingabe an all das, was dir begegnet, verlangt deine Wanderung von dir. Du bist das Licht, das sich behutsam in den Urgrund der Mutter Erde hinabgleiten lässt. Du vereinigst dich mit dem Leben selbst.

Dein wacher Geist inspiriert die Erdenmutter, die sich vor dir geöffnet hat. Durch deine Hingabe an das Leben wirst du von der wärmenden Liebe der Mutter Erde genährt.

3 Selbstfindung

DNA-Code:
L E E

Elemente:
Luft, Erde, Erde

Thema 2: der Pfad
Weites Land.
Offenes Land in Erwartung.
Gebe der Sehnsucht in dir nach und ziehe weiter.
Das weite Land, es nimmt dich auf.
Ziehe hinaus, um zu begegnen.
Ziehe hinaus, um zu erfahren.

Deutung der Karte:
Die Selbstfindung ist ein Paradoxon. Denn wenn du nach dir selbst suchst, kannst du dich nicht finden. Die Suche nach dir selbst betont das „Ich" und bald auch das „Ego". Die Selbstsuche kapselt dich ab, erschafft einen Kreis um dich herum, der dich von all dem, was um dich herum geschieht, mehr und mehr abschottet. Dies widerspricht deinem Wesen und der Natur des Menschseins.

Kennst du solche Tendenzen in dir?
Nimmst du dich zeitweise so wichtig, dass du die Außenwelt nicht mehr wahrnimmst und nichts mehr spürst?

Oder versuchst du dich anderen gegenüber abzugrenzen, weil sie angeblich „negative Energien“ haben.
Mache dir klar, dass der Weg der Selbstfindung ein gänzlich anderer ist.

Das, was du auf dieser Karte siehst, ist der Weg. Er führt dich weit über die Mutter Erde. Dies ist ein Weg der Erfahrung, ein Weg des Erlebens.
Wenn du diesen Weg der Begegnungen gehst, wirst du erkennen, dass dein Selbst keine Grenzen hat. Eine Grenzlinie zwischen dem, was du bist und dem, was du nicht bist, existiert nicht.
Alles fließt und in diesem Fließen vermengt sich alles mit allem und jeder mit jedem. Du bist alles. Du bist der Baum, der am Wegrand steht, du bist der Vogelschwarm, der über dir kreist, du bist der Wind und der Sturm, der Regen und der Schnee, die Wärme der Sonne und die Kälte der Nacht. Du bist vor allem auch jeder Mensch, der dir begegnet. Du bist jeder, der dir herzlich und liebevoll entgegenkommt. Du bist aber auch jeder, der dich wütend oder traurig macht.

Sobald du erfährst, dass du selbst alles bist, hast du dich selbst gefunden. Du hörst dann auf, andere zu bewerten und zu beurteilen. Du begegnest dem anderen in einer umfassenden Wertfreiheit.
Und siehe da, dein Leben wird interessant, begeisternd, erfüllend. Das, was du erfährst, macht dich weit und innerlich reich. Dieser Reichtum der wertfreien Lebendigkeit ist ein strahlend helles und warmes Licht, in das der Weg der Selbstfindung einmündet. Dort eröffnet sich dir ein ungeahnt weites Universum.

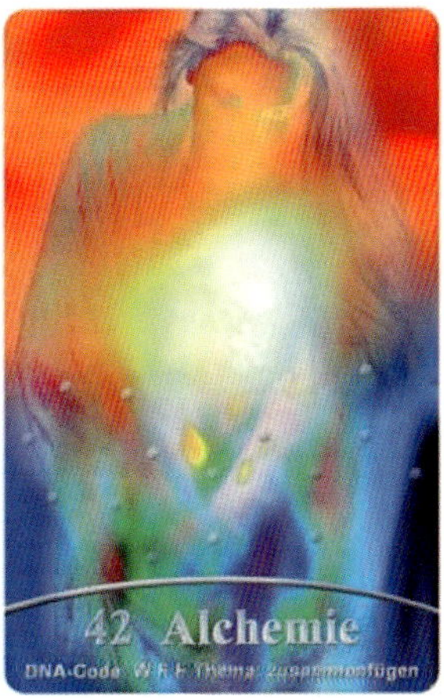

Das Spiegelbild: 42 Alchemie

Der Weg der Selbstfindung spiegelt sich in der Kunst der Alchemie wider. Die Alchemie ist die Fähigkeit des Zusammenfügens. Die

Alchemie vereinigt und verbindet das, was bislang als unvereinbar erschienen war. Sie vereinigt die Kraft des Wassers mit der Kraft des Feuers. Das, was daraus entsteht, ist eine neue, faszinierende Welt.

Die Alchemistin gibt sich dem Phänomen des Vereinigens gänzlich hin. Sie begrenzt sich nicht und wird eins mit dem Geschehen. Dadurch erstrahlt ein helles Licht in ihrer Mitte. Dies ist das Licht des reinen Seins.

Der Weg: 53 befreite Liebe

Der Weg der Selbstfindung führt dich zur Befreiung der Liebe. Mit der Liebe zu dir selbst, deinem wahren Wesen beginnt dieser Prozess, der gleichzeitig mit der Auflösung der Ego-Konzepte einher geht.

Wenn die Liebe frei erblüht, erwartet sie nichts mehr, stellt keine Forderungen, bindet nicht. Sie gedeiht voller Freude und Genuss aus sich selbst heraus. Sie verzaubert den Raum, der dich umgibt.

4 Orientierung

DNA-Code:
L E L

Elemente:
Luft, Erde, Luft

Thema 2: der Pfad
Weites Land.
Offenes Land in Erwartung.
Gebe der Sehnsucht in dir nach und ziehe weiter.
Das weite Land, es nimmt dich auf.
Ziehe hinaus, um zu begegnen.
Ziehe hinaus, um zu erfahren.

Deutung der Karte:

Mäanderförmig führt dich dein Weg durchs Leben. Nichts ist so beständig, wie die Veränderung. Nach jeder Abzweigung wandelt sich das Land. Unerwartete Ereignisse häufen sich und du fragst dich an jeder Abzweigung, welche die richtige wäre. Entscheidungen musst du treffen, doch welche bringen dich weiter und welche nicht?

Kennst du diese Situation in deinem Leben?
Was trifft aktuell auf dich zu?
Welche Entscheidungen stehen an?
Wohin soll dein Weg dich bringen?
Und die entscheidende Frage lautet: Worauf kannst du bauen, wie kannst du dich orientieren?

Dann ebnet sich der Weg. In nahezu gerader Linie verläuft er genau auf jenes Land zu, nach dem du dich seit jeher gesehnt hattest. Ja, genau, diese innere Sehnsucht nach Lebendigkeit und Erfüllung ist es, die dir wie ein innerer Kompass den Weg gewiesen hatte. Nicht immer war dir dies bewusst. Doch immer dann, wenn du dich davon hast leiten lassen, hatten die Entscheidungen sich als richtig erwiesen. Unerwartete Wendungen, die dir im ersten Moment wie Schicksalsschläge erschienen waren, haben sich nach und nach als segensreich herausgestellt.

Deine innere Stimme, die im Einklang mit den Lebenskräften erklang, das war der goldene Kompass, der dir die nötige Orientierung gab.

Und siehe, wo dieser Weg dich hinführt! Er mündet in der lichten Mitte der Mutter Erde. Er leitet dich genau dorthin, wo die Helix der DNA sich öffnet und der Urcode zu wirken beginnt. Damit eröffnet sich alles für dich. Der Urcode erschafft für dich ein neues Land, ein heilsames Feld. Die Mutter Erde umhüllt deinen neu entstehenden Lebensraum wie einen Embryo. Sie nährt und behütet dich. Und du erlebst, wie sehr ihre Stimme im Einklang mit deinen wahren Sehnsüchten erklingt.

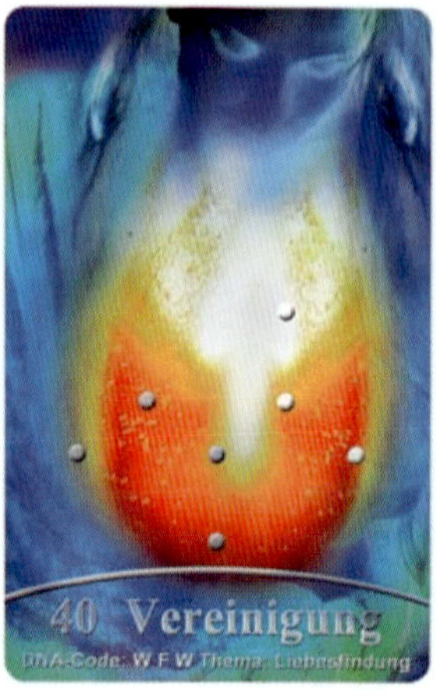

Das Spiegelbild: 40 Vereinigung

Die Orientierung auf deinem Weg spiegelt sich an der Vereinigung wider. Dies ist die Vereinigung deines gesamten Wesens mit deinem eigenen Herzen. Der Pulsschlag deines Herzens ist im Einklang mit dem Pulsschlag der Mutter Erde. Vor allem dann, wenn du die grundlegende Aufgabe auf dem Weg der Liebesfindung gelöst hast: Die Aufgabe der Selbstliebe.

Wenn du all das in dir liebst, was du tatsächlich bist, beginnst du die Stimme der Mutter

Erde zu hören. Sie kennt jeden Weg. Und ihre leitende Stimme gibt dir Orientierung und Sicherheit.

Der Weg: 52 freier Flug

Das, was du bislang geglaubt hattest, verliert seine Gültigkeit. Die Lebenskräfte der Mutter Erde klären deinen Geist. All das entschwindet dir und fließt von dir ab, was du in deinem Gepäck unnötig mitgetragen hattest. Dein geklärter Geist erkennt den Weg vor dir und findet seine neue Orientierung. Du bist bereit für deinen freien Flug.
Blicke nicht zurück! Lass das, was war, endgültig hinter dir. Vergangene Ereignisse färben sich mit einem befreit erlösenden Farbenspiel. Aus der alten Welt wird eine neue geboren, die sich allmählich erhebt und reale Gestalt annimmt.

5 Ausrichtung

DNA-Code:
L E F

Elemente:
Luft, Erde, Feuer

Thema 2: der Pfad
Weites Land.
Offenes Land in Erwartung.
Gebe der Sehnsucht in dir nach und ziehe weiter.
Das weite Land, es nimmt dich auf.
Ziehe hinaus, um zu begegnen.
Ziehe hinaus, um zu erfahren.

Deutung der Karte:
Starke Kräfte wirken auf dich ein. Vieles wird von außen an dich herangetragen, viele Eindrücke und Einflüsse strömen auf dich ein. Manch ein anderer hinterfragt dich, dein Tun, deinen Weg.
Auch wenn dies zeitweise dazu führen kann, dass du an deinem eingeschlagenen Weg selbst zu zweifeln beginnst, verschließe dich nicht. Unabhängig davon, ob die Meinungen anderer dir wohlgesonnen sind oder nicht, sie beleben und aktivieren dich.
Hast du im Moment das Gefühl, dass eine Fülle an Energien auf dich einwirken?
Kommst du kaum zur Ruhe?
Hast du kaum Zeit für dich selbst, um all das Erlebte zu verarbeiten?

Die Kunst, solche Zeiten sinnvoll zu nutzen, besteht in einer Ausbalancierung der eigenen Kräfte und der äußeren Einflüsse. All das Viele und Bewegende, das du im Moment erlebst, kann dich weitestgehend bereichern. Schirme dich nicht davon ab, es ist dies keine Zeit für einen Rückzug. Lass all das geschehen, was geschehen will. Fokussiere dich aber währenddessen immer auf dich selbst und auf deinen eigenen Weg. Deine eigene innere Stimme und die Liebesfähigkeit zu dir selbst und zu deinen eigenen Entscheidungen, das sind die Schlüssel für diese Zeiten.

Und siehe, wo dieser Weg, dein Seelenweg dich hinführen will!
Auch wenn er den sicheren Boden scheinbar verlässt, bleibt er stabil. Er mündet in einem hellen, warmen Licht. Dort will etwas Gestalt annehmen, was du noch nicht klar erkennen kannst.
Die vielen Meinungen und Einflüsse von außen sind korrigierende und bereinigende Kräfte. Dein eigener Weg erfährt eine klarere und erneuerte Ausrichtung. Diese heilsame Ausrichtung auf das in dir selbst angelegte Ziel kann und soll dir gelingen.

Die Ausrichtung deines Lebensweges wird dann erfolgreich sein, wenn du deinen eigenen Weg mit liebendem Herzen annehmen kannst. Das betrifft sowohl all das, was dir bislang widerfahren ist, als auch deine momentane Situation. Durch deine Liebesfähigkeit dir selbst gegenüber erkennst du, wie dein Weg verlaufen will. Du erkennst vor allem, in welche Richtung es gehen soll und hast so die Fähigkeit, intuitiv stets zum richtigen Zeitpunkt die richtigen Entscheidungen zu treffen.

Das Spiegelbild: 41 das Portal

Wohin führt er dich, dein Lebensweg, der eine neue, stabilisierende Ausrichtung erfahren hat? Du erkennst es an seinem Spiegelbild: das Portal.
Dein neu ausgerichteter Weg will dich über eine Schwelle führen, hinter der dich etwas

Großartiges erwartet. Du siehst dieses Portal zwar schon vor dir, kannst allerdings nicht erkennen, was sich dahinter befindet. Wenn du in dich hineinhorchst, hast du eine Ahnung davon, was es sein könnte: Es hat mit der „Liebesfindung“ zu tun.

Der Weg: 51 Wertfreiheit

Um den eigenen Weg in Liebe annehmen zu können, bedarf es der Kunst der Wertfreiheit. Denn der Weg, den unsere Seele gehen will, ist nicht selten einer, der den herkömmlichen Vorgaben widerspricht. Aufgrund unseres sozialen Umfeldes haben wir „gelernt“, was sein darf und was nicht.

Wir haben dadurch ein Wertesystem in uns integriert, das unserem eigenen Wesen und unserer eigenen Entwicklung zuwider läuft. Wir selbst sind es, die uns negativ bewerten, wenn wir dem nicht entsprechen.

Wenn wir uns davon durch die Fähigkeit der Wertfreiheit befreien, öffnet sich uns jener Weg, der unserem Seelenplan entspricht.

6 Empfindungen

DNA-Code:
L L W

Elemente:
Luft, Luft, Wasser

Thema 3: der Traum
Fraglos liebend, pulsierend dein Herz.
Im freien Raum ruhender Gedanken
entspringen tiefgehende Traumbilder in dir.
Traumbilder im Einklang.
Traumbilder der Urmutter.
Sie erschaffen neu jene Welt, wie sie seit jeher war.

Deutung der Karte:

Das sich ständig drehende Rad der Gedanken kommt endlich zur Ruhe. Vor allem jene Gedankenströme, die Programme erschaffen und dir unaufhaltsam erklären, wer du wärest, was du tun müsstest, wie du dich zu geben hättest und wie nicht.
Diese Ego-erschaffenden Gedankenkräfte verlieren ihre Bedeutsamkeit und entschwinden dir. Ein kurzer Schauer durchzieht vorerst noch deinen Geist, da Ängste dir weismachen wollen, dass du dich verlieren könntest. Du weichst diesen Ängsten nicht mehr aus, sondern blickst sie direkt an. Dadurch schwindet deren Kraft und du kannst nach ein paar tiefen Atemzügen endlich loslassen.

Dann verlierst du dich tatsächlich, zumindest das von dir, das du dein „Ego“ nennst. Vor dir erscheint die Träumende.
Du wirst allmählich selbst zur Träumenden.

In die Tiefe der Innenwelten sinkt der Blick der Träumenden hinab. Ihr fraglos liebendes Herz kommt zur Ruhe und ist bereit. Das, was sie sieht, löst Empfindungen in ihr aus. Sie spürt die aufsteigenden Traumbilder in ihr und sie hört deren Klänge. Sie wird eins mit dem, was aus den Traumebenen aufsteigt und Gestalt annimmt.

In das Mysterium des Urcodes blickt sie hinab. Das, was sie sieht, benennt sie nicht, spürt es aber. Sie sieht, wie der Urcode sich öffnet und sie erkennt, dass dieses Geheimnis des Lebens direkt dem Herzen der Urmutter, der Mutter Erde entströmt.

Wie aus sprudelndem Wasser steigen Luftperlen auf und spielen mit dem Traumkörper der Träumenden. Noch nehmen diese grünblauen Perlen keine erkennbaren Formen an. Doch sie werden es tun. Nicht jetzt, sondern später, wenn sich das vollzogen hat, was soeben beginnt.
Die wasserfarbenen Perlen durchwandern den Gefühlskörper der Träumenden mit reinigender Kraft. Überall dort, wo emotionale Verletzungen sich als schmerzhafte Erinnerungen abgelagert hatten, beginnt ein Reinigungsprozess. All das, was dunkel sich abgekapselt hatte, verliert seine feste Gestalt. Die heilsamen Perlen aus der innersten Quelle der Urmutter entfalten behutsam ihre auflösende Kraft. Den gesamten Gefühlskörper durchspülen sie in reinigender Weise.

Das Spiegelbild: 32 Rückzug

Die Traumebenen der Empfindungen spiegeln sich im Rückzug wider. Das ist der Rückzug in jene Innenräume, in denen du dich selbst verlieren wirst.
Dein „Ego“ hört dort auf, das Geschehen zu

kontrollieren und entschwindet dir für unbestimmte Zeit. Das eröffnet dir einen weiten und freien Raum, in dem du selbst alles und gleichzeitig nichts mehr bist.
Du berührst den tiefsten Grund. Und siehe da, er beginnt zu leuchten und allmählich eine erkennbare Gestalt anzunehmen. Dieses Licht, das du hier erkennst, wird dich von nun an begleiten. Selbst in der tiefsten Dunkelheit wirst du dich damit zurechtfinden können.

Der Weg: 50 Mut

Es bedarf einigen Mutes, um dem „Ego" die Kontrolle zu entziehen. Denn in diesem Ego-Zustand meinen wir zu wissen, wer wir seien. Wir fühlen uns darin stark, obwohl wir gerade dadurch verletzlich und angreifbar werden.
Durch den Rückzug verschwimmt zuerst unser bislang aufgebautes Selbstbewusstsein, da sich die Grenzen zwischen uns und der Welt aufzulösen beginnen. Doch dann erwacht jenes Licht in uns, das wir tatsächlich sind. Das ist das Licht des wahren Mutes und der wahren Stärke.

7 Sehnsucht

DNA-Code:
L L E

Elemente:
Luft, Luft, Erde

Thema 3: der Traum
Fraglos liebend, pulsierend dein Herz.
Im freien Raum ruhender Gedanken
entspringen tiefgehende Traumbilder in dir.
Traumbilder im Einklang.
Traumbilder der Urmutter.
Sie erschaffen neu jene Welt, wie sie seit jeher war.

Deutung der Karte:
In eine formlose, aber durchaus helle atmosphärische Tiefe sinkt dein Blick hinab. Dorthin, wo die Traumbilder entspringen. Aus dieser Quelle der Träume steigen die Sehnsüchte hoch, in Form von Bildern und Gefühlen, welche deinen Geist bevölkern. Durch ein nabelschnurähnliches Gewebe steigen die Sehnsüchte empor und suchen nach deiner Aufmerksamkeit und Zuwendung. Sie wollen dir etwas sagen, dir etwas zeigen. Denn du trägst sie seit jeher in dir.
Kennst du sie, deine wahren Sehnsüchte?
Kannst du sie spüren, hörst du sie?
Siehst du ihre Bilder?

Diese tatsächlichen Sehnsüchte in dir sind Wegweiser deines Seelenplans. Sie erzählen dir, wohin dein Weg dich führen will. Deine Seele will und soll Erfahrungen machen und deine Sehnsüchte zeigen dir, mit wem und an welchen Orten dies für dich möglich wäre.

Wenn die Bilder der Seele in deinen bewussten Geist aufsteigen, geschieht es nicht selten, dass sie durch deinen mentalen Verstand verwaschen und verformt werden. Das könnte dich auf eine falsche Fährte ansetzen und dich deinem Seelenplan nicht näherkommen lassen. Dennoch ist es wesentlich, dass deine inneren Bilder sich mit deinem durchaus logisch denkenden Bewusstsein vereinen.
Doch wie?

Die Träumende kennt das Geheimnis der Sehnsuchtsbilder. Sie blickt hinab zu jener Quelle, aus der die Träume entspringen. Sie nimmt diese Bilder mit ihrem Geist auf. Und sie vereint währenddessen ihren Geist mit dem wertfrei denkenden Wesen der Urmutter, der Mutter Erde.
Genau darin liegt der Schlüssel, wenn du deine wahren Sehnsüchte verstehen und deine Traumbilder zu entschlüsseln suchst. Es ist die wertfreie Offenheit und die sowohl emotionale, als auch mentale Verbundenheit mit der Erdenmutter.
Du bist ein Kind der Mutter Erde, sie selbst hat dir deine Sehnsüchte ins Herz geschrieben.

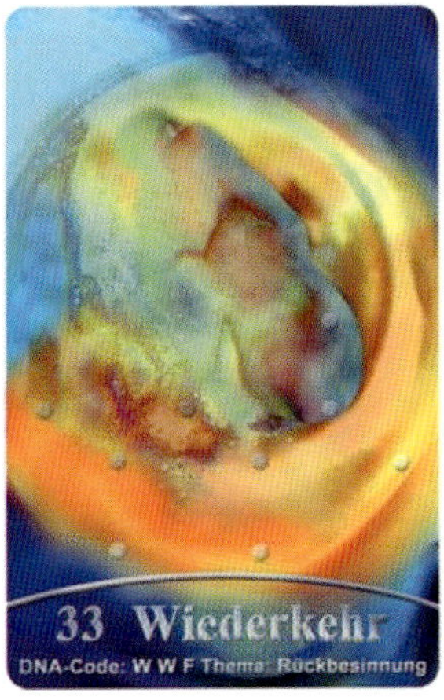

Das Spiegelbild: 33 Wiederkehr

Das Leben, der Tod, die Geburt und die Wiederkehr, das ist jener Zyklus, den wir immer wieder durchlaufen. Unerfüllte und nicht gelebte Sehnsüchte nimmst du mit dir mit. In deiner Wiederkehr in einem neuen Leben werden sie sich widerspiegeln. Denn dein Seelenplan vergisst nichts.

Das, was deine Seele erfahren soll, kann nicht für immer aufgeschoben werden. Je dringlicher du eine Sehnsucht in dir spürst, umso wesentlicher ist jetzt deren Erfüllung. Erst dann, wenn deine Sehnsucht ihre Erfüllung gefunden hat, wird dein Lebensrad sich weiterdrehen können.

Der Weg: 49 Bewusstsein

Der Weg der Sehnsucht gelingt dir durch die Vereinigung zweier polarer Kräfte. Zum einen sind es die emotionalen, gefühlsbetonten Seelenbilder, zum anderen ist es deine logische und mentale Verstandeskraft.

Das erwachte Bewusstsein erkennt beide Pole, den mentalen genauso wie den emotionalen. Der bewusste Geist wertet nicht und nimmt beide Kräfte gleichermaßen an. Sowohl das, was oben sich befindet, als auch das, was aus der Tiefe kommt, wird aufgenommen und beleuchtet. So können die Sehnsüchte sich erfüllen.

8 Gedeihen

DNA-Code:
L L L

Elemente:
Luft, Luft, Luft

Thema 4: Gestalten
Zuerst noch lose Fäden
verwachsen nach und nach zu einem organischen Gewebe,
das an Schönheit gewinnt.
Ich, Mutter Erde, befähige deine Hände,
ich befähige deinen Geist,
um zu erschaffen, zu formen und zu gestalten.

Deutung der Karte:

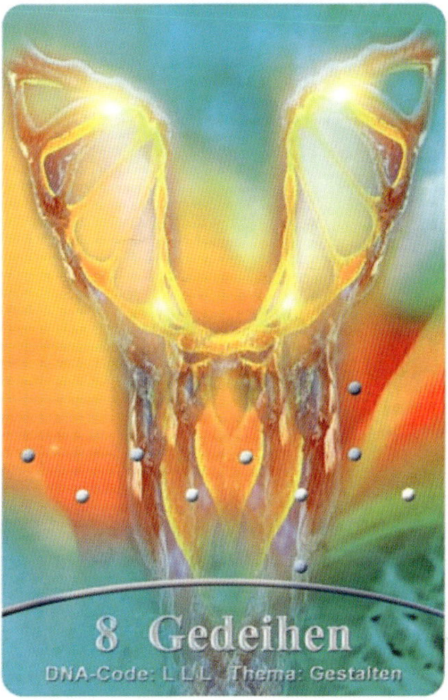

Ein freier, aber leerer Raum liegt vor dir. Ein unendlich weiter formloser Himmel, in dem du nichts erkennen kannst. Wie eine jungfräulich weiße Leinwand, auf der der Künstler seinen ersten Pinselstrich noch nicht gesetzt hat.

Du erahnst, dass dieser weite leere Raum von etwas noch viel Größerem umgeben ist, von einer anderen schöpferischen Sphäre. Von dort strömen vibrierende Kräfte herein.

Diese Vibrationen erzeugen eine inspirierende Dynamik und erschaffen eine unsichtbare Bewegung, die den Raum erfüllt. Das, was noch unsichtbar in Bewegung geraten ist, will sich ausdrücken, sich verdichten, Gestalt und Form annehmen, um gedeihen zu können.

Es ist jetzt an der Zeit, dass du dich von diesen sphärischen Vibrationen inspirieren lässt. Du bist der Maler, der Künstler, der in diesem Moment eine kraftvolle Inspiration erfährt. Eine Inspiration, die für deinen weiteren Lebensweg von tragender Bedeutung sein wird.
Lichtfunken sprühen durch deinen Geist. Vor deinem inneren Auge beginnt der Raum sich mit Farbe und Form zu füllen. Aus den Lichtfunken verdichten und formen sich Lichtfäden, die allmählich Gestalt annehmen. Noch siehst du nichts Konkretes, keine bekannten Figuren, denen du Namen und Bedeutung zuordnen könntest. Doch dein kreatives Wesen ist erfüllt und begeistert. Du willst etwas erschaffen, das wachsen und gedeihen kann.

Doch halte einstweilen noch inne, beginne noch nicht mit der konkreten Ausgestaltung deines Werkes. Es ist dein wacher Geist, der die Inspiration erfahren hat. Lasse nun aber dieses Licht der Inspiration tiefer in dich hinabsinken. Es soll auch dein Herz, deine Liebe entzünden. Auch dein Gefühlskörper soll damit gänzlich erfüllt werden, damit ein Werk von umfassender Bedeutsamkeit entstehen kann.
Das Leben legt dir eine kreative Schaffenskraft in deine Hände. Du kannst und sollst diesen bislang leeren Raum mit Lebendigkeit erfüllen. Doch lass aus deinem Werk nicht nur deinen Geist, sondern auch deine Seele sprechen.
Beseele das, was du zu erschaffen bereit bist, mit all deiner Herzenswärme und Liebe.

Das Spiegelbild: 30 Empfängnis

Während dein Geist inspiriert wird, erlebt deine Seele das Wunder der Empfängnis. Es sind nicht die sprühenden Funken des sphärischen Lichts, die deine Seele und dein Herz

erreichen. Es ist vielmehr die wärmende und belebende Berührung, die aus den Tiefen des Urgrunds stammt.
Diese Berührung erlebst du zuerst nur oberflächlich. Doch es erweckt eine Sehnsucht in dir, durch die du dich ganz zu öffnen beginnst. Die Wärme des Urgrunds dringt tiefer in dich ein, bis in jede Faser deines Wesens. Das lässt dein Herz höherschlagen und befruchtet dich mit neuem Leben.

Der Weg: 48 Strahlkraft

Wenn dein Werk gedeiht, erreicht es eine unermessliche Strahlkraft. Das ringförmige Pulsieren kommt aus dem Inneren und erfüllt mit kreisenden Wellen den gesamten Raum. Das, was du erschaffen hast, trägt ein starkes Licht in sich.
Der Schlüssel zu diesem Erfolg liegt im grundlegenden Geheimnis jeder Kreativität. Du selbst bist der Erschaffer, der Schöpfer. Stell dich aber nicht vor dein Werk, sondern nimm dich gänzlich zurück. Um dich geht es hier nicht, sondern einzig um das, was geschaffen wurde und gedeihen soll. Lege vielmehr auf dem Weg des kreativen Formens all deinen inspirierten Geist und all deine Herzenswärme hinein.
Wenn nämlich die Liebe deiner Seele mit der Klarheit deines inspirierten Geistes sich vereinen, entsteht ein Kunstwerk von immens starker Schönheit.

9 Formen

DNA-Code:
L L F

Elemente:
Luft, Luft, Feuer

Thema 4: Gestalten
Zuerst noch lose Fäden
verwachsen nach und nach zu einem organischen Gewebe,
das an Schönheit gewinnt.
Ich, Mutter Erde, befähige deine Hände,
ich befähige deinen Geist,
um zu erschaffen, zu formen und zu gestalten.

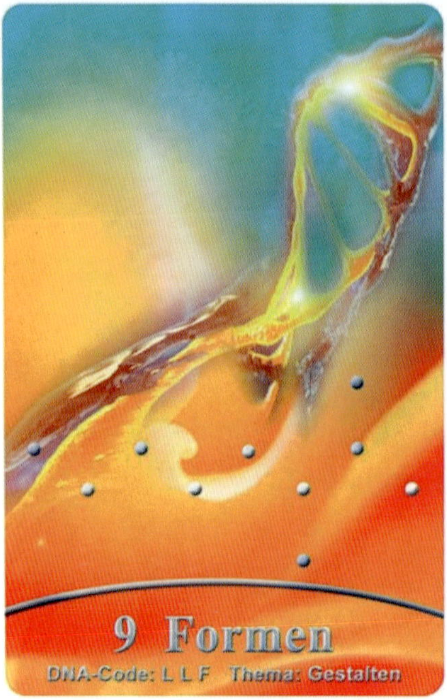

Deutung der Karte:
Plötzlich war sie da, diese inspirierende Idee. Schnell wie das Licht war sie gekommen und bevölkert seitdem deinen Geist. Lichtfunken sprühen zunächst noch formlos durch deine Gedanken. Du bist begeistert.
Dieser starke Impuls lässt deine kreativen Kräfte hell aufleuchten. Du beginnst die tanzenden Lichtfäden miteinander zu verknüpfen und formst daraus allmählich ein organisches Gewebe. Du bist wie ein Künstler, der sich auf sein Werk vorbereitet. Vor deinem inneren Auge nimmt das Kunstwerk bereits konkrete Gestalt an, noch ehe der erste Schritt zur realen Umsetzung gesetzt wurde.

Das Werk ist bereits zum Leben erwacht, noch bevor es tatsächlich geboren wurde. Einstweilen besteht es noch aus reiner Energie und tanzenden, sich drehenden Lichtbildern, die sich schnell ändern können. Gib dich dieser Ideenflut der vielen, unbegrenzten Möglichkeiten durchaus noch hin. Warte aber nicht mehr zulange mit der konkreten Verwirklichung.

Aus dem Urlicht hat diese Idee deinen Geist erreicht und beflügelt. Doch das reine Licht alleine ist nicht in der Lage, Leben zu erschaffen. Es benötigt den fruchtbaren Boden, um dort hinein seinen Samen setzen zu können. Es braucht die stoffliche Materie, mit der die reine Idee verdichtet werden kann, um zu sichtbarer Form zu werden.

Genau darin besteht nun deine Aufgabe. Die inspirierende Idee ist sowohl ein Geschenk, als auch ein Auftrag, der durchaus herausfordernd sein kann. In deinen eigenen Händen liegt die Fähigkeit zu erschaffen und zu formen.
Verliere dich nicht im luftigen Bereich der reinen Gedankenspielereien. Wende dich der Materie zu und beginne, das Licht zu verdichten. Nimm das vibrierende Gewebe der Lichtfäden und setze es in die Erde ein, wie ein Gärtner, der in den empfangsbereiten Boden den Samen der Pflanzen sät. Setze deine Aktivitäten nun gezielt so an, dass sie Konkretes bewirken können.
Erst durch deine fokussierte Ausrichtung auf die sichtbare Realität beginnt die wahre Kunst des Formens. Der inspirierende Impuls aus reinem Licht kann und soll durch dich zur Wirklichkeit werden. Das Licht fließt durch dich hindurch und befruchtet dein Wesen, damit durch dich das Neue geboren werden kann.

Das Spiegelbild: 31 Urfrau

Die Urfrau hat den Samen des fruchtbaren Lichtes empfangen. In ihr reift nun das neue

Leben heran, durch sie formt es sich aus und verdichtet sich, um schließlich geboren zu werden.
Die Impulse aus inspirierendem Licht gingen verloren, wenn sie in der weiblichen Urgestalt sich nicht widerspiegeln könnten. Die Idee ist das eine, sie ist der männliche Part, der den Geist beflügelt. Die Urfrau ist die empfangende und gebärende zweite Kraft. Nur dann, wenn beide Pole gemeinsam wirken, kann die Idee Form und Gestalt annehmen.

Der Weg: 47 Liebeskraft

Durch deine kreative Kraft gehst du den Weg des Erschaffers, des Schöpfers. In deinen Händen entsteht ein Werk, das Bedeutsamkeit erlangen soll. Das wird dir gelingen, wenn du beides geschehen lässt:
Zum einen soll jenes Urlicht, das dich inspiriert hat, durch deine Hände und in das entstehende Werk einfließen. Das, was du erschaffst, soll dieses Licht in sich tragen und ausstrahlen.
Zum anderen soll die stoffliche Materie, mit der du deinem Werk reale Form gibst, deine Liebe spüren. Die Mutter Erde selbst gibt dir all jene Stoffe in die Hand, mit denen du das Neue erschaffen kannst. Schenke dieser Materie deine Herzenswärme.
Dort, wo sich das Urlicht mit der Mutter Erde vereint, erwacht eine Liebeskraft mit weitreichender Schönheit und Wirksamkeit.

10 Umbruch

DNA-Code:
L F W

Elemente:
Luft, Feuer, Wasser

Thema 5: Begeisterung
Der auffrischende Morgenwind fährt in die Glut.
Das Feuer erwacht, lodert auf
und löst die Nacht nun vollends auf.
Der Tag bricht an.
Was du bisher zu wissen geglaubt hattest,
lass es gehen, ehe es in dir verbrennt.
Denn dann inspiriert ein Funke erleuchtend deinen Geist
und erfüllt dich mit umarmendem Erkennen.

Deutung der Karte:

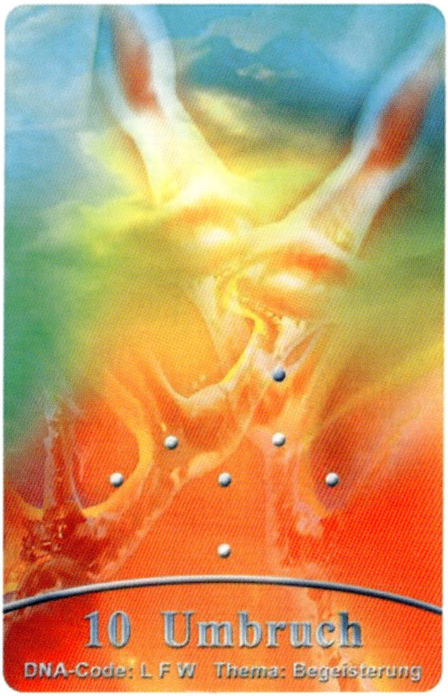

Plötzlich lodert ein unerwartetes Feuer in dir auf.
Du bist selbst über deine intensive Reaktion überrascht. Etwas wühlt dich auf, bewegt dich und lässt dir keine Ruhe. Doch diese Unruhe hat auch etwas Inspirierendes an sich. Du merkst, wie deine Gedanken sowohl schneller, als auch immer kreativer werden. Du siehst zwar, vor welche Herausforderungen du gestellt bist, hast aber ebenso zündende Ideen und findest Lösungsansätze.

Was war es nur, was dich so aufgewühlt hatte?

Es muss ein Impuls von außen an dich herangekommen sein, der wie ein auffrischender Wind die Glut in dir entfacht hat. Das Feuer in dir wirbelt sowohl deinen Geist auf, als auch deine Gefühle. Du bist emotional bewegt.
Erinnere dich daran, was es gewesen sein könnte. Denn darin liegt auch der Schlüssel, die Lösung, die du finden solltest, um mit diesem Feuer umgehen zu können.

Lass dich von dem, was dich bewegt, nicht zu sehr aus der Ruhe bringen. Lass dich davon vielmehr begeistern. Denn das, was du gerade erlebst, deutet darauf hin, dass du dich in einem Umbruch befindest.
Da will sich etwas Grundlegendes in deinem Leben verändern. Veränderung kann allerdings nur dann stattfinden, wenn bestehende Strukturen weich werden, verfließen, sich allmählich auflösen und dann dem Feuer der Neugestaltung Raum geben.

Solch ein Umbruch ist selten einfach. Denn auf der einen Seite versucht etwas in uns an dem festzuhalten, was bisher Bestand hatte. Auf der anderen Seite ist gerade das in dir erwacht, was schon lange da war, bisher aber noch nicht wirklich gehört wurde. Es handelt sich um eine Sehnsucht, die allmählich brennend wird und vehement den Umbruch einfordert.
Zwei entgegengesetzte Kräfte sind das, der Wunsch nach Umbruch und das Festhalten am Bestehenden. Diese Kräfte überkreuzen sich gerade, wobei jene feurige, die nach Veränderung strebt, in den Vordergrund getreten ist.

Das Spiegelbild: 36 Lebendigkeit

Im Spiegelbild des Umbruchs erkennst du, worin das Ziel der angelegten Veränderungen liegt. Es handelt sich um eine neue Lebendigkeit in dir. Eine Lebendigkeit, die nicht mehr brennend fordert, sondern in sich ruht. Diese kreative Ruhe ist die andere, ausgewogenere Form der Begeisterung. In diesem gelassenen Zustand der Lebendigkeit weißt du, wie du die feurige Kraft in dir nutzen kannst. Du weißt, welche Schritte du gehen solltest und wann der richtige Zeitpunkt dafür ist. Deine Welt gedeiht in frischem Grün und erblüht.

Der Weg: 46 Selbsterfahrung

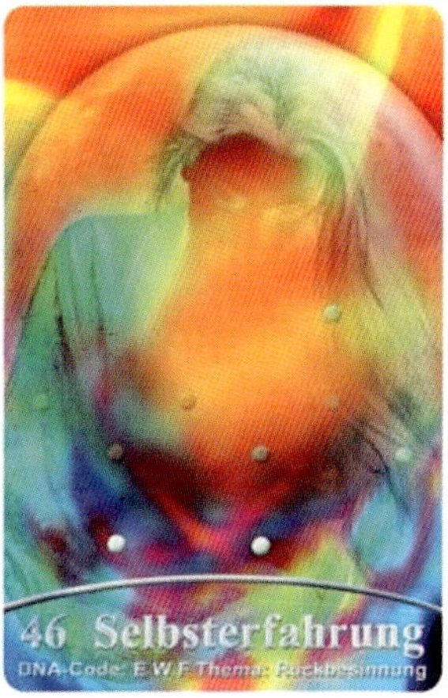

Auf deinem Weg des Umbruchs sind Zeiten der Rückbesinnung und der Innenschau äußerst ratsam. Auf diese Weise gelingt es dir gut, dich an deinem eigenen Feuer nicht selbst zu verbrennen, sondern es gezielt zu nutzen.

Dort, in deinem Inneren, findest du auch jene Bereiche, denen du bisher keine Aufmerksamkeit geschenkt hattest. Da begegnet dir vor allem das, wonach deine Seele sich im Grunde sehnt. Finde heraus was es ist. Und suche dann nach Möglichkeiten, diese Sehnsüchte wirklich zu leben.

11 Visionen

DNA-Code:
L F E

Elemente:
Luft, Feuer, Erde

Thema 5: Begeisterung
Der auffrischende Morgenwind fährt in die Glut.
Das Feuer erwacht, lodert auf
und löst die Nacht nun vollends auf.
Der Tag bricht an.
Was du bisher zu wissen geglaubt hattest,
lass es gehen, ehe es in dir verbrennt.
Denn dann inspiriert ein Funke erleuchtend deinen Geist
und erfüllt dich mit umarmendem Erkennen.

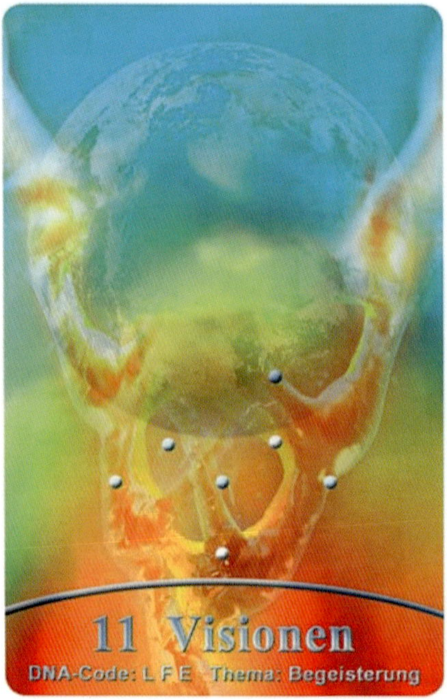

Deutung der Karte:
Zuerst war da diese Idee, die du nicht mehr loswerden konntest.
Sie hat dich aufgewühlt und deinen Geist unruhig werden lassen. Denn wenn diese Idee wahr werden würde, hieße es, dass sie deine bisherigen Pläne durchkreuzen würde. Es ginge anders weiter in deinem Leben, vieles wäre nicht mehr so, wie es bisher war.
Gleichzeitig hatte diese Idee dich aber begeistert. Da war etwas in dir, das immer dann zu jubeln begann, wenn du daran dachtest.
Was also solltest du tun?
Die Kunst, um mit diesem aufwühlenden Treiben in deinem Geist umzugehen, besteht darin, dich zu

sammeln. Atme tief durch, versuche still zu werden, ohne aber das, was dich so stark bewegt, zu verdrängen. Schau dir vielmehr aus einer inneren Sammlung heraus das an, was deinen Geist bevölkert.

Die zuerst noch wirren Lichtfäden beginnen sich zu ordnen. Es entstehen zwei Hauptstränge wie bei einem mächtigen Baum, dessen Astwerk sich gabelt. Diese beiden Hauptäste sind wie zwei polare Kräfte, die sich vorerst noch zu widersprechen scheinen, in Wahrheit aber doch aus ein und demselben Stamm entspringen.
Du siehst beides, den linken Strang, der dein Herz und deine Emotionen berührt, wie auch den rechten, der deinem mentalen Geist entspricht. Dadurch, dass du beides gleichermaßen gelten lässt, dein Herz genauso zu Wort kommt, wie dein Verstand, eröffnet sich dir eine großartige Vision.
Da, in der Mitte zwischen den beiden Hauptästen entsteht eine neue Welt. Noch ist sie etwas nebulos und nicht gänzlich verdichtet, noch hat sie ihre reale, feste Gestalt nicht angenommen. Aber dennoch ist sie sichtbar geworden, du erkennst ihre Strukturen und deine Vision zeigt dir, wie du diese neue Welt erschaffen könntest. Das wird dein Leben verändern, in vielen Belangen. Dieses neue Leben erscheint dir aber lebenswert durch seine Schönheit, lebenswert und verheißungsvoll. Der Schlüssel dafür liegt in der Vereinigung deiner beiden Gaben, deiner Intuition mit deinem mentalen Geist.

Das Spiegelbild: 37 Erfolg

Im Spiegel siehst du bereits jene Welt und jenes Leben, die entstehen wollen. Der Erfolg für deine Visionen besteht darin, dass jene Welt geboren wird, in der dein neues Leben sich entfalten kann.
Du siehst aber auch, dass dieses neue Leben nur dann seinen Platz einnehmen kann, wenn das Bisherige vergehen konnte. Die Fähigkeit des Loslassens ist gefragt, wenn

das Neue sich erfolgreich verwirklichen soll.
Das, was du in deinen Visionen siehst, ist enorm kraftvoll. Sobald du mit deiner Schöpferkraft dies zu verwirklichen beginnst, wirst du vom Erfolg beschenkt und begleitet sein.

Der Weg: 45 Seelenwege

Wenn du dich auf deine Visionen einlässt, solltest du stets mit deinem eigenen Seelenplan verbunden bleiben. Die Seelenwege, die uns über diese Erde führen, sind von fließender und schwingender Natur. Geradlinig sind sie nicht, sondern mäanderförmig wie ein lebendiger Fluss. Nicht selten kommt es zu überraschenden Wendungen.
Die wahren Visionen werden durch deine Seelenwege geboren. Deine Seele selbst ist es, die solch visionäre Bilder erschafft. Besonders dann, wenn dein Seelenweg vor einem entscheidenden Wendepunkt steht.

12 der Weg

DNA-Code:
L F L

Elemente:
Luft, Feuer, Luft

Thema 6: Erfahrung
Kristallene Klänge streifen, vom Wind getragen,
über das Land.
Das Echo kehrt von den Hügeln, den Tälern
und den weiten Ebenen zurück
und erzählt dir deren Geschichten.
Fasziniert nimmst du auf, horchend und lernend.
Du ziehst selber los über das Land und atmest tief ein,
nimmst das, was dir begegnet, tief in dich auf.
Die wiederkehrenden Klänge
klingen in deinem Herzen wider.

Deutung der Karte:
In das weite, offene Land zieht es dich hinaus. Du spürst den frischen Wind auf deiner Haut und die prickelnde Vorfreude auf jene Erfahrungen, die da draußen auf dich warten. Die belebende Frische der offenen Weite atmest du tief in dich ein.
Und dann ist es soweit. Eine unerwartete Begegnung entzündet das Feuer in dir. Du bist begeistert, berührt und erstaunt zugleich. Denn der andere, dem du auf deinem Weg begegnest, ist so ganz anders, als du selbst.

Ist es nicht gerade dieses Andere, dieses Andersartige, welches das Feuer in dir entzündet?
Verstehst du das Geheimnis der gegensätzlich geladenen Kräfte? Spürst du den sich anziehenden Magnetismus, der durch die Polarität entsteht?
Und hast du den Mut dazu, dich auf das Andere, auf den Anderen einzulassen?

Das, was du aussendest, was du sagst, was du hingibst, kehrt wie ein Echo zu dir selbst zurück. Der andere ist wie ein Spiegel deiner selbst. Und du erkennst dich selbst im Du und den anderen in dir. Indem du dich selbst verlierst und die Grenze zwischen dir und dem anderen verschwimmen lässt, findest du dich selbst wieder.

Du erlebst das faszinierende Mysterium der strömenden Elektrizität. Die Funken sprühen, wenn Gegenpole einander berühren. Aus genau diesen Funken entsteht schließlich das Licht. Jedes Licht erleuchtet dadurch, dass Gegenpole einander berühren und durchdringen. Das Leben selbst erfährt seine belebende Dynamik durch den spielerischen Tanz der polaren Kräfte.

All das, was an Erfahrungen durch deine Begegnungen zu dir selbst zurückkehrt, soll dich begeistern und beleben. Verliere dich aber nicht da draußen, wie begeisternd all diese Erlebnisse auch sein mögen. Kehre immer wieder auch zu dir selbst zurück. Lass das Erlebte durch dein liebendes Herz fließen und entscheide, was du von alledem bei dir behalten möchtest und was nicht.

Das Spiegelbild: 34 Freundschaft

Du spiegelst dich im Anderen wider und der Andere in dir. Dadurch entsteht Freundschaft und Verbundenheit.
Licht und Dunkelheit, oben und unten, mental und intuitiv, all das sind Gegensätze, die

wahre Freundschaft ausmachen. Vor allem dann, wenn diese gegensätzlichen Ausprägungen einander in wertfreier Achtung und Liebe begegnen. Weder das Lichte, noch das Dunkle ist „gut“ oder „schlecht“. Es ist, was es ist.
Verschiedenheiten ziehen sich magnetisch an und bereichern einander in erfüllender Weise, sobald beide das Geschenk der wertfreien Begegnung als ihren Lebensweg erkennen.

Der Weg: 44 Belebung

Gehe hinaus, erfahre, erlebe, lass dich begeistern und von deinen Begegnungen entzünden. Kehre dann aber wieder zu dir selbst zurück.
Nimmt das in dir entzündete Feuer mit dir mit, wenn du deine eigenen Innenräume wieder betrittst. Dort, in deinen Innenräumen lass dein Herz zu dir sprechen. Zeige deinem Herzen das mitgebrachte Feuer. Überprüfe, ob dieses Feuer dich verzehrt und verbrennt, oder ob es dich belebend wärmt.
Alles Belebende behalte bei dir. Gehe dann wieder hinaus und sei bereit, neue Feuer in dir entfachen zu lassen. Kehre damit in deine Innenräume wieder zurück und überprüfe es abermals.
Das ist der Weg aller Lebenswege.

13 Erkundung

DNA-Code:
L F F

Elemente:
Luft, Feuer, Feuer

Thema 6: Erfahrung
Kristallene Klänge streifen, vom Wind getragen,
über das Land.
Das Echo kehrt von den Hügeln,
den Tälern und den weiten Ebenen zurück
und erzählt dir deren Geschichten.
Fasziniert nimmst du auf, horchend und lernend.
Du ziehst selber los über das Land und atmest tief ein,
nimmst das, was dir begegnet, tief in dich auf.
Die wiederkehrenden Klänge
klingen in deinem Herzen wider.

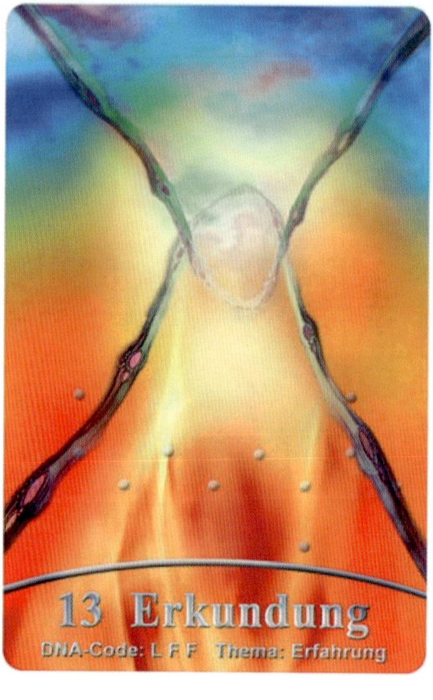

Deutung der Karte:
Die ersten, durchaus hitzigen Sonnenstrahlen erwecken die Erde aus ihrem Winterschlaf. Das Leben ruft nach dir. Die Zeit des Sprießens, Erblühens und Gedeihens ist gekommen. Selbst wenn der eine oder andere kühle Tag noch kommen wird, selbst wenn die eine oder andere raue Windbö dich noch ein wenig frösteln lässt, warte nicht. Gehe jetzt hinaus, erlebe, erfahre und erkunde!

Von da draußen erreicht dich ein starker Impuls. Von wem er kommt, weißt du wahrscheinlich noch nicht. Wichtig aber ist, dass du den Ruf hörst und ihm nachgibst. Denn das Feuer in dir will brennen. Ein zögerliches Abwarten würde es wieder zum Erlöschen bringen. Ein mutiger Aufbruch aber wird dich reich beschenken.

Erkunde das, was dir da draußen widerfahren wird. Lass dich ein auf jene Menschen, denen du begegnen wirst. Lass dich wirklich drauf ein, nicht nur oberflächlich, sondern ganz in der Tiefe.

Eine tatsächliche Erkundung findet dann statt, wenn du dich vom Anderen und von den erlebbaren Ereignissen durchdringen lässt. Achte nicht auf deine Grenzen, sondern löse sie auf. Verliere dich im inspirierenden Geschehen und das Rad des Lebens beginnt sich in begeisternder Weise zu drehen.
Auch die noch schlafende Blütenknospe grenzt sich nicht ab, wenn das starke Sonnenlicht sie erreicht. Nur durch ihre offene Bereitschaft dringt die Wärme in sie ein. Diese Wärme entzündet in ihr ein Feuerwerk, durch das sie schließlich zu erblühen beginnt.

Wenn du dich öffnest und dich in der Begegnung mit dem Anderen verlierst, gehst du nicht verloren. Denn du erfährst dadurch dich selbst. Besonders dann, wenn der Andere ganz anders ist, beginnt das wunderbare Mysterium der Polarität zu wirken. Sobald gegensätzliche Pole einander berühren und durchdringen, beginnt elektrischer Strom zu fließen. Dann entsteht jenes Licht, das dich selbst auszuleuchten beginnt. Du erfährst, wer du wirklich bist. Und du erkennst, welche Kraft in dir wohnt.

Das Spiegelbild: 35 Verbundenheit

Dein gesamter Geist ist erfüllt von all dem, was du jetzt erlebst. Du erfährst eine allumfassende Verbundenheit mit dem Leben und mit der Schönheit der Mutter Erde, die dich begeistert und erfüllt.
In dieser Verbundenheit wirst du selbst zu

dem, was du erlebst. Du selbst wirst zur Mutter Erde, du selbst bist der Wind, den du auf deiner Haut spürst. Du selbst bist die Sonne und das Licht, du selbst bist genauso auch die Dunkelheit und die Nacht.
Lass dich von all dem inspirieren. Und nimm all das zu dir, nimm es auf in dein Herz. Denn dort, in deinem innersten Herzensraum, wirst du überprüfen, was von alldem bei dir bleiben soll und was nicht.

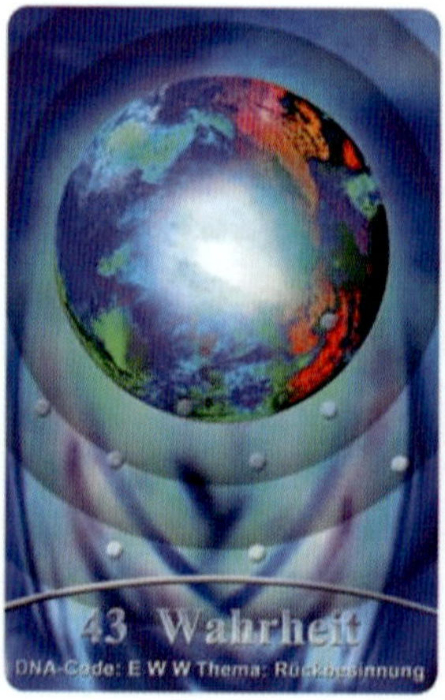

Der Weg: 43 Wahrheit

Der Weg der Erkundung führt dich hinaus und genauso auch wieder zu dir selbst zurück. Auf die stürmische Welle des Aufbruchs und der Erfahrungen folgt die nachtblaue Stille der Rückbesinnung. Diese Stille findest du in deinen eigenen Innenräumen.
Deine eigene Wahrheit findest du dort, vor allem dann, wenn du bereit bist, über das Erlebte gänzlich wertfrei zu reflektieren. Halte deine Wahrheit lebendig und wandelbar, im Einklang mit deinem liebenden Herzen. Auf diese Weise kann der Weg der Erkundung deine Wahrnehmung weiten.

14 die Tiefe

DNA-Code:
F W W

Elemente:
Feuer, Wasser, Wasser

Thema 7: Gefühle
Unter den aufgewühlten Wogen
tauchst du bis zum Meeresgrund hinab,
wo es allmählich stiller wird.
Dort berührst du deine vergessene Mitte.
Aus deiner Mitte heraus
bahnen sich Klänge ihren Weg nach oben.
Eine Öffnung entsteht.
Licht steigt singend von deinem Urgrund auf
und verbindet sich mit dem Licht über dir
zu einem funkelnden Lichtfaden,
der an Lebendigkeit gewinnt.
Die Kräfte gleichen sich aus,
die Wogen glätten sich.
Du hast dein Seelenmeer
durchlichtet.

Deutung der Karte:
In die Tiefe steigst du hinab. Es ist deine eigene „Unterwelt", der du dort begegnen sollst. Es ist dein Auftrag, das jetzt zu tun, denn der Zeitpunkt dafür ist günstig. Und es ist notwendig, dass du dort deinen eigenen Schatten findest.

Bevor du die Unterwelt betrittst, ist es ratsam, alles abzulegen. Den Weg in die Unterwelt gehst

du nackt, ohne Gewänder, aber auch ohne jegliche Konzepte. Es wurde dir gesagt, dass du in der Unterwelt den Dämonen begegnen würdest, die dir Unheil zufügen würden. Doch gerade dieser Glaubenssatz ist falsch, den gilt es zurückzulassen, damit deine Reise dorthin eine segensreiche werden kann.
Gerade diese Angst vor den angeblichen Dämonen ist ein Konzept, das dich von jenem großartigen Geschenk abschneidet, das dort in der Tiefe auf dich wartet. Denn das, was du tief in dir drinnen finden wirst, sind deine eigenen Kräfte und Energien, die bislang gebunden waren. Deine Aufgabe besteht darin, deine eigenen Kräfte zu befreien, um eine neue Stärke zu erlangen.

Du steigst hinab und begegnest einem Unbekannten. Du deutest ihn als Schattenwesen. Eine Angst in dir kann hochkommen, die dich zum Umkehren bewegen will. Doch halte inne! Ein starkes Gefühl sagt dir, dass es sich lohnt, diesem Unbekanntem zu begegnen.

Du siehst dem Schattenwesen in die Augen. Und du erkennst, dass dieser Schatten du selber bist. Es ist deine eigene Urkraft, die dir hier und jetzt begegnet. Du erinnerst dich, dass man dir gesagt hatte, dass du dich diesem angeblich „Dunklen“ in dir niemals annähern dürftest. Doch abermals sagt dir dein Gefühl, dass du genau das jetzt tun solltest.

Ein starkes Liebesgefühl erwacht in dir, eine Liebe für dich selbst und vor allem für dein eigenes Schattenwesen. Und du umarmst es mit deiner vollen Herzenswärme.
Dann verändert sich sein Wesen. Du wirst eins mit deinem eigenen Schatten und steigst gemeinsam mit ihm aus der Tiefe empor. Je höher du steigst, umso kraftvoller nimmst du dich selber wahr. Mit dem großen Geschenk deiner befreiten Urkraft erreichst du als eine hell leuchtende Gestalt die Oberfläche.

Das Spiegelbild: 53 befreite Liebe

Worin deine neu gewonnene Kraft vor allem besteht, spiegelt sich im Bild der befreiten Liebe wider. Ja, deine Liebeskraft war es, die lange gebunden in der Tiefe nicht gelebt werden konnte.

Gebunden war sie durch Konzepte, welche die Liebe mit Besitzansprüchen und Erwartungen verknüpft hatten. Doch diese Konzepte haben bei deiner Reise in die Tiefe ihre Bedeutung verloren. Nun ist deine Liebeskraft befreit. Sie steigt auf mit der Leichtigkeit eines wärmenden Vollmondes.

Der Weg: 42 Alchemie

Die Alchemie ist der Weg des Zusammenfügens. Die Alchemistin vereinigt Gegensätze mit ihrer Liebeskraft. Das verändert alles, verwandelt alles in einen farbenfrohen Raum voller Kraft.

Dort, in der Tiefe, hast du dich mit dir selbst vereinigt. Du hast dein Licht mit deinem eigenen Schatten zusammengefügt. Du unterteilst dich nicht mehr in „gute“ und „schlechte“ Eigenschaften. Du bist eins mit dir selbst und daher voller Kraft.

15 das Erspüren

DNA-Code:
F W E

Elemente:
Feuer, Wasser, Erde

Thema 7: Gefühle
Unter den aufgewühlten Wogen
tauchst du bis zum Meeresgrund hinab,
wo es allmählich stiller wird.
Dort berührst du deine vergessene Mitte.
Aus deiner Mitte heraus
bahnen sich Klänge ihren Weg nach oben.
Eine Öffnung entsteht.
Licht steigt singend von deinem Urgrund auf
und verbindet sich mit dem Licht über dir

zu einem funkelnden Lichtfaden,
der an Lebendigkeit gewinnt.
Die Kräfte gleichen sich aus,
die Wogen glätten sich.
Du hast dein Seelenmeer
durchlichtet.

Deutung der Karte:
Dort unten, in der Tiefe des Meeresgrundes, wird es still. Nur wenig Licht erreicht die tiefblaue Dunkelheit. In diese Tiefe tauchst du hinab. Das lange Vergessene findest du hier. Es wühlt dich auf, denn du erinnerst dich an deine ursprünglichen Sehnsüchte und Wünsche. Ein Schwall an Gefühlen über-

schwemmt dich, ein emotionaler Strudel zieht dich weiter in die Tiefe hinab.

Es ist gut so, was hier in der Tiefe mit dir geschieht. Verdrängte und verbotene Emotionen dürfen sich endlich zeigen. Erspüre sie genauso, wie sie sind. Lass dich von ihnen durchströmen, gestatte ihnen, dich aufzuwühlen.
Beachte aber vor allem eines: nimm deine Emotionen wahr, nehme sie aber nicht ernst. Gestatte ihnen zu sein, doch identifiziere dich nicht mit ihnen. Wie eine aufgewühlte See werden und sollen sie wieder verebben, die hochsteigenden Wogen werden sich wieder glätten.

Dort unten in der Tiefe berührst du dein eigenes emotionales Wesen. Du umarmst das, was lange aus deinem Leben verbannt worden war. Dass es sich vorerst gekränkt gebärdet, war zu erwarten. Doch durch dein Hinabtauchen befreist du dort unten gebundene Energien und Kräfte. Diese deine eigenen Kräfte beginnen zu leuchten, in dem Moment, in dem du sie berührst. Nun ist der Moment gekommen, aus der Tiefe wieder aufzusteigen.
An der Oberfläche angekommen verwandelst du all die emotionalen Verletzungen und Kränkungen durch deine Liebesfähigkeit. Dadurch entfalten die befreiten Kräfte ein starkes kreatives Licht. Dieses Licht beginnt sich zu drehen und zu tanzen. Und siehe da, es entfaltet sein enormes schöpferisches Potential. In diesen tanzenden Lichtschwaden wird deine Welt neu geboren. Du kannst das Vergangene zurücklassen und einen neuen, frischen Weg einschlagen. Es ist dir gelungen, deine Welt neu zu erschaffen.

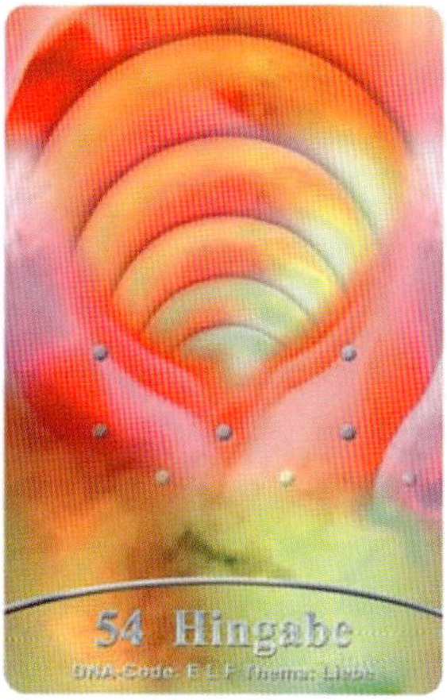

Das Spiegelbild: 54 Hingabe
Der Tiefe gibst du dich hin, indem du mit deinem eigenen Licht behutsam hinabtauchst. Durch deinen Mut, der Dunkelheit in dir selbst zu begegnen, ereignet sich das Wunder des

Lebens. Der tiefe Urgrund vereinigt sich mit der inspirierenden Kraft des Lichtes. Der Urgrund nährt die Kraft des Lichtes und das Licht belebt den Urgrund mit seiner wärmenden Kraft.
Selbst wenn deine Emotionen dich aufwühlen, gibst du dich dem Geschehen dennoch hin. Dadurch erfährt dein Gefühlskörper nachhaltige Heilung.

Der Weg: Ω3 Omega 3

Aufwühlende Gefühle sind da, um Vergangenes abzuschließen. Sobald du die emotionalen Verletzungen durchwandert hast, kannst du sie gehen lassen. Wenn du die Oberfläche deines Seelenmeeres wieder erreicht hast, glätten sich die Wogen. Eine regenbogenfarbene Atmosphäre erfrischt deinen Geist. Du siehst deine neu geborene Welt, in der sich der Urcode des Lebens geöffnet hat. Das Ende ist gleichzeitig der Anfang. Du kannst einen neuen Lebensabschnitt beginnen.

16 Entfesselung

DNA-Code:
F W L

Elemente:
Feuer, Wasser, Luft

Thema 7: Gefühle
Unter den aufgewühlten Wogen
tauchst du bis zum Meeresgrund hinab,
wo es allmählich stiller wird.
Dort berührst du deine vergessene Mitte.
Aus deiner Mitte heraus bahnen sich Klänge
ihren Weg nach oben.
Eine Öffnung entsteht.
Licht steigt singend von deinem Urgrund auf
und verbindet sich mit dem Licht über dir
zu einem funkelnden Lichtfaden,
der an Lebendigkeit gewinnt.
Die Kräfte gleichen sich aus,
die Wogen glätten sich.
Du hast dein Seelenmeer
durchlichtet.

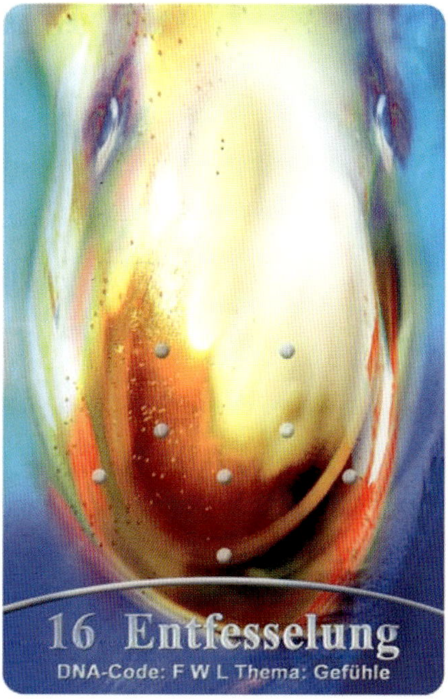

Deutung der Karte:
Dort, in der Tiefe deiner Seele, hast du etwas berührt, was dich nun erschreckt. Mehr noch, du hast etwas aus dem Schlaf erweckt, du hast es von seinen Fesseln entbunden. Nun beginnt es aufzusteigen, an die Oberfläche zu dringen und sichtbar zu werden.
Hast du die Büchse der Pandora geöffnet?
Hast du deine inneren Dämonen

wachgerufen, die nun beginnen, die Kontrolle über dein Leben zu übernehmen?
Werden nun die anderen all das von dir sehen können, wofür du dich bislang schämtest und was du so geschickt verborgen hattest?

Doch halt!
Sieh doch, wie stark und kraftvoll all das ist, was hier in dir in Bewegung geraten ist. Sieh doch, welch intensives Licht es in sich trägt!
Ein enormes Kraftpotential voller lebendiger Energie steigt da in dir auf. Du hast hier etwas entfesselt, was schon lange auf seine Befreiung gewartet hat. Nun ist es endlich soweit, dass es sich entfalten kann. Verbanne es nicht mehr in den Untergrund, denn das würde dir nicht mehr gelingen. Nimm vielmehr die Herausforderung an, die darin besteht, die entfesselten Kräfte in dein Leben aufzunehmen und vor allem liebevoll zu integrieren.

All das, was wir in der Tiefe unserer Seele vergraben, wird uns immer begleiten. Je tiefer es vergraben wurde, umso heftiger wird es sich immer wieder befreien wollen. Wir versuchen jene Eigenschaften von uns zu bändigen, die wir aufgrund von Glaubenssätzen nicht haben dürften. Wir verbergen das, was wir als „schlecht" oder „dunkel" bewertet haben. Doch sobald wir uns aus diesem Gut-Böse-Wertesystem verabschieden, beginnen wir lebendig zu werden. Lebendig und vor allem kraftvoll, da unsere eigenen gebundenen Energien endlich wieder ins Fließen kommen.

Der Schlüssel für den Umgang mit diesen entfesselten Kräfte ist die Liebe. Vor allem deine Liebe zu dir selbst und zu all dem, was bisher nicht gelebt werden durfte. Durch diese Liebe werden deine angeblichen Dämonen zu lichtvollen Gestalten, die dich zu einem Schöpferwesen machen.

Das Spiegelbild: 51 Wertfreiheit

Dein anfängliches Erschrecken vor deinem entfesselten Innenleben vergeht, sobald du dich selbst mit wertfreier Neutralität betrachten kannst. Verabschiede dich von jenen Wertesystemen, die dir erklärt hatten, wie du sein dürftest und wie nicht. Diese Systeme, die du meist aus deiner Kindheit, aber auch aus vergangenen Leben mitgenommen hast, haben ganz wesentliche Lebenskräfte von dir in den Untergrund verbannt.

Sobald die offene Wertfreiheit dir gelingt, erscheint das, was in dir erwacht ist, in einem ganz anderen Bild. Aus dem anfänglich chaotischen Wirrwarr an Energiemustern entsteht eine heile, runde Form, die mit innerer Schönheit sich erhebt.

Der Weg: 41 das Portal

Die Entfesselung deiner einst gebundenen Kräfte führt dich über die Schwelle eines Portals in eine neue Welt. Dein Leben wird nun ein anderes sein, sobald du deine entfesselten Energien mit wertfreier Offenheit in dein Leben aufgenommen hast.

Die Schwelle in dein neues Leben überschreitest du, sobald du die frei gewordenen Energien nicht mehr zu unterdrücken versuchst. Durch ihre Befreiung werden sie nämlich zu nutzbaren Kräften für dich. Das erzeugt eine neue Lebendigkeit und eine besondere Ausstrahlung, die von nun an von dir ausgehen wird.

17 Sinnlichkeit

DNA-Code:
F W F

Elemente:
Feuer, Wasser, Feuer

Thema 7: Gefühle
Unter den aufgewühlten Wogen
tauchst du bis zum Meeresgrund hinab,
wo es allmählich stiller wird.
Dort berührst du deine vergessene Mitte.
Aus deiner Mitte heraus
bahnen sich Klänge ihren Weg nach oben.
Eine Öffnung entsteht.
Licht steigt singend von deinem Urgrund auf
und verbindet sich mit dem Licht über dir
zu einem funkelnden Lichtfaden,
der an Lebendigkeit gewinnt.
Die Kräfte gleichen sich aus, die
Wogen glätten sich.
Du hast dein Seelenmeer durchlichtet.

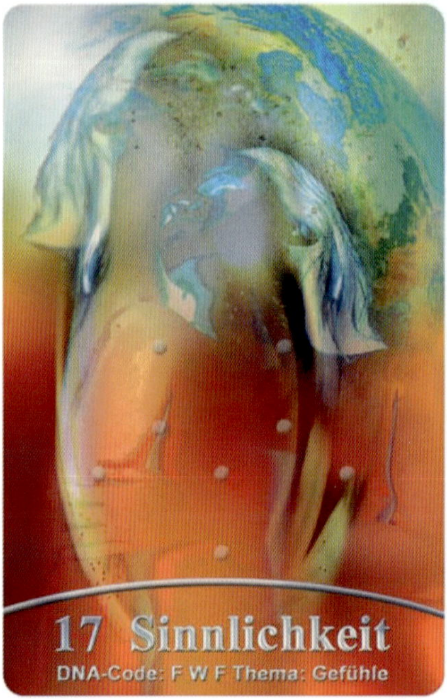

Deutung der Karte:
Seit jeher brennt dieses Feuer in dir. Ganz in deiner Tiefe loderte es, zeitweise leise und sich zurücknehmend, dann wieder aufflackernd und hell leuchtend. Dieses Feuer ist das größte und wichtigste Geschenk der Mutter Erde an den Menschen, an dich. Denn es verbindet dich mit den Urkräften des Lebens, es macht dich lebendig, es macht dein Leben lebenswert.

Es ist das Feuer der sinnlichen Lust, der erotischen Spiele, der Sexualität.

Doch kannst du dieses Feuer wirklich leben?
Lässt du es zu, dass es in dir aufleuchten und dich ganz erfüllen will?
Oder hast du Angst davor?
Hast du Dinge erlebt, die dich in deiner sinnlichen Lust verletzt haben?
Oder versuchst du gar, aufgrund irgendwelcher Glaubenssätze, dieses Feuer zu unterdrücken?

Dieses Feuer der Sinnlichkeit will und soll von dir erfahren werden. Die Zeit dafür ist nicht irgendwann einmal, sondern jetzt. Das, was dich angeblich daran hindert, sind Ausreden und entspringen deinen eigenen Ideen, die keine Gültigkeit mehr haben. Lass dich ein auf das, was dieses Geschenk des Lebens für dich bereiten will. Sinke dazu hinab, ganz in deine eigene innere Tiefe. Dort erkennst du es, wenn du es wagst, deinen eigenen Sehnsüchten zu begegnen.

Siehe, was geschieht, wenn die sinnliche Lust dich erfüllt. Dein gesamtes Wesen wird darin neu geboren. Du erneuerst dich selbst aus dir selbst heraus. Eine neue Gestalt und Form nimmst du darin an. Du erlebst dich in einer Weise, wie du es bisher noch nie gekannt hast. Die Lebenskräfte durchströmen dich auf allen Ebenen. Du fühlst dich ganz und vollkommen eins mit dir selbst.

Das Spiegelbild: 52 freier Flug

In der befreiten Sinnlichkeit findest du zu deinem freien Flug. Dein gesamtes Wesen erhebt sich. Die Welt um dich herum verwandelt sich. Mit warmen, lebendigen Farben gestaltet sich deine Welt auf gänzlich neue

Weise.
Und siehe da, aus deiner Welt wird eine neue Welt geboren. Nicht nur du selbst nimmst eine neue Gestalt an, nicht nur du selbst trittst aus dir heraus, hinein in eine gänzlich neue Wahrnehmung deines Körpers. Auch die Mutter Erde selbst erschafft aus sich selbst heraus eine neue Form und Gestalt.
Das Leben in dieser neu geborenen Welt gibt sich dir in erfüllender Weise hin.

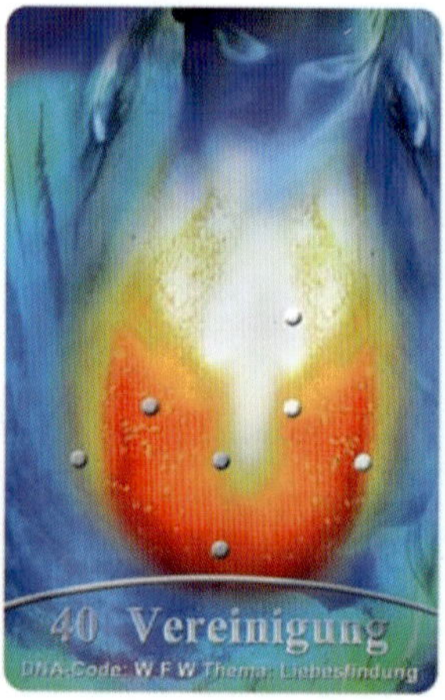

Der Weg: 40 Vereinigung

Der Weg zur Befreiung deiner sinnlichen Lust führt dich über die Vereinigung. Im ersten Schritt ist dies immer die Vereinigung mit dir selbst. Die Vereinigung mit deinem eigenen inneren Feuer, mit deinen Sehnsüchten, mit der Liebeskraft, die du in dir selbst finden kannst.
Erst dann, wenn du das Liebesfeuer in dir und zu dir selbst gefunden hast, wird die Vereinigung mit dem Du möglich sein. Dann kann die liebende Vereinigung mit dem Liebespartner endlich frei fließen.

18 die Entstehung

DNA-Code:
F E W

Elemente:
Feuer, Erde, Wasser

Thema 8: Gaia
Es endet jede Wertung.
Eine bedingungsfreie Liebe erblüht
in diesem wertfreien Raum.
In diesem Moment lege ich
das Geheimnis des Lebens in deine Hände.
Das Lied des heilen Urcodes ertönt.
So erblüht vor dir jene lebendig liebende Welt,
in der nur das Wesentliche zählt.

Deutung der Karte:
Wenn in der Mitte der Erde der Urcode sich öffnet, steht etwas Bedeutsames bevor. Raum und Zeit verändern sich, der Raum weitet sich und die Zeit hält einen Moment lang inne. Impulsive Ereigniswellen breiten sich ringförmig um den Erdball herum aus. Sie lassen feurige Funken sprühen und wirbeln in belebender Weise das Wasser auf. Die Voraussetzungen für eine kraftvolle Entstehung sind geschaffen.

Eine enorme Schaffenskraft legt das Leben dir in deine Hände. Spürst du, wie diese Kraft immer wieder in dir erwacht?

Weißt du, dass du ein machtvolles Schöpferwesen bist?
Bist du bereit, deine eigene Welt erblühen zu lassen und dabei weise zu handeln?

Die Fähigkeit, etwas Großes entstehen zu lassen, verlangt in besonderem Maße Behutsamkeit und Wachsamkeit von dir. Es ist die Urkraft des Lebens, die in deinen Händen liegt. Damit du Werke von nachhaltiger Schönheit erschaffen kannst, solltest du stets den Einklang mit der Mutter Erde suchen.
Die Erdenmutter selbst schenkt uns allen das Leben. Jegliche Werke, die auf ihr geschaffen werden, sollten mit ihren Frequenzmustern und mit ihren Liedern harmonieren. Geschieht dies nicht, entstehen Dissonanzen, die sehr rasch zum Zerfall des Geschaffenen führen können. Wird die Harmonie aber erreicht, so fördern die Urlieder der Erdenmutter das Gedeihen und das Wachstum deiner Werke.

Das Geheimnis der nachhaltigen Entstehung liegt im Geschehenlassen.
Nutze die Kräfte, die du in dir selber spürst und setze damit den ersten Schöpfungsimpuls. Halte danach inne und beobachte, was geschieht und wie das Begonnene sich entwickelt. Beobachte, in welche Richtung und wie weit das Entstehende sich ausdehnen will.
Setze danach einen zweiten Impuls, der an das begonnene Wachstum bereits behutsam angepasst ist. Halte abermals inne und beobachte wieder. Spüre dich in das Gedeihen deines Werkes hinein, werde selbst zu deinem Werk und warte auf den richtigen Moment. Setze dann den nächsten Impuls.
Dies ist ein weises Wechselspiel. Zeitweise wendest du deine Schöpferkraft gezielt an, danach nimmst du dich beobachtend wieder zurück. So gelingt es dir, im Einklang mit den Liedern der Mutter Erde zu wirken.

Das Spiegelbild: 57 Wachsamkeit

Alles, was von dir erschaffen wird, wirkt. Deine Werke erheben sich und finden im weiten kosmischen Raum über dir ihren Widerhall. Das, was du aussendest, kehrt zu dir zurück. Die Resonanz, die du erntest, entspricht wie ein Spiegelbild deinem eigenen schöpferischen Tun.

Deine Schöpferkraft sollte stets mit einer besonderen Wachsamkeit einher gehen. Der behutsame Einklang mit dem Leben selbst, mit dem Ort, der dich umgibt und mit der Zeit, in der du agierst, sind der Schlüssel für deinen Erfolg.

Der Weg: Ω2 Omega 2

Der Weg der Entstehung beginnt mit einer Beendigung und Auflösung. Bevor etwas Neues entstehen kann, muss etwas Bestehendes vergehen. Das Alte nimmt sich gänzlich zurück und gibt jenen Raum frei, in dem das Neue gedeihen kann.

Ein Festhalten am aktuellen Zustand ist nicht angeraten. Zu stark drängt die Kraft der Entstehung darauf, sich verwirklichen zu können. Sobald du bereit bist, all das loszulassen, was dich behindert und belastet, wird deine Schöpferkraft sich voll entfalten.

19 die Geburt

DNA-Code:
F E E

Elemente:
Feuer, Erde, Erde

Thema 8: Gaia
Es endet jede Wertung.
Eine bedingungsfreie Liebe erblüht
in diesem wertfreien Raum.
In diesem Moment lege ich
das Geheimnis des Lebens in deine Hände.
Das Lied des heilen Urcodes ertönt.
So erblüht vor dir jene lebendig liebende Welt,
in der nur das Wesentliche zählt.

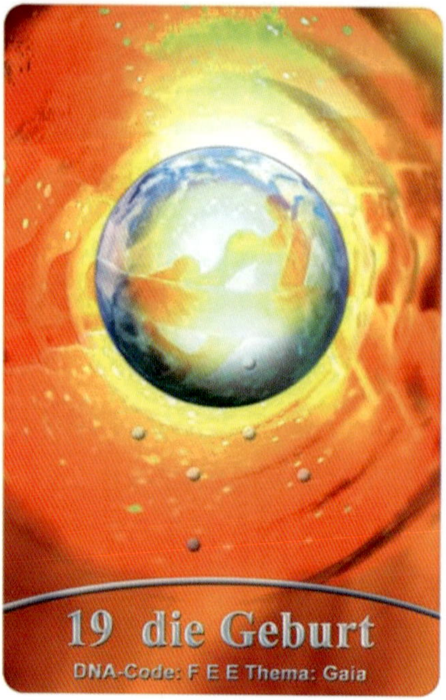

Deutung der Karte:
So wie im Großen die Erde geboren wurde, so wurdest im Kleinen auch du in dieses Leben geboren. Und so wie du in dieses Leben geboren wurdest, so wirst du auch in diesem Leben immer wieder eine Neugeburt erfahren.
Der Vorgang der Geburt vollzieht sich stets nach demselben Muster, er ist das Mysterium des Entstehens. Die Art und Weise allerdings, wie in deinem jetzigen Leben sich eine Neugeburt vollziehen kann, liegt zum Großteil in deinen eigenen Händen. Die Zeit für eine Neugeburt deines Lebens, deiner Lebensumstände und deiner Ausrichtung ist jetzt gekommen.

Höre einmal in dich hinein.
Was will sich in deinem Leben jetzt verändern?
Wonach sehnst du dich und was konnte von dir bisher nicht gelebt werden?
Was drängt allmählich stärker werdend nach Verwirklichung?
Und was vor allem muss zu Ende gehen, damit das Neue sich entfalten kann?

Der Moment der Geburt ist ein magischer Moment, in dem die gesamte Kraft des Urcodes sich zu Form und Gestalt verdichtet. Ein neuer Körper tritt aus der Gebärmutter heraus in die äußere Wirklichkeit.
Sein erstmaliges Erscheinen in der Realität erschafft starke, feurige Ereigniswellen, die ringförmig sich ausbreiten und seine Geburt der ganzen Welt verkünden. Er nimmt vor allem jenen Raum ein, er verschafft sich diesen Lebensraum, den er von nun an mit all seinem Wesen erfüllen wird.

Es geht vor allem um diesen Raum, den das Neugeborene einnimmt und auch einnehmen soll. Damit dieses neue Leben gedeihen und sich entwickeln kann, muss ihm dieser Raum auch zur Verfügung gestellt werden. Und das geschieht dadurch, dass all jenes, was vergehen soll, aus dem Weg geräumt wird. Erst auf die Zeit des Verabschiedens folgt die Zeit der Geburt.
Genau das liegt jetzt in deinen Händen. Überprüfe, was zu Ende gehen will und was in deinem Leben keine Bedeutung mehr haben soll. Lass es gehen. Je eher dir dies gelingt, umso eher werden sich dir neue Wege eröffnen.

Das Spiegelbild: 58 Fortschritt

Wenn das bestehende Leben sich wandelt und seine Strukturen und Formen sich verändern, findet Fortschritt statt. All das, was lebt, erschafft sich stets neu, erneuert jede seiner

Zellen, um einer Urkraft des Lebens zu entsprechen. Es ist die Urkraft der Evolution, die stets nach Entwicklung, Verbesserung und Neugestaltung des Bestehenden strebt.
Die Geburt, das Leben, der Tod und die Wiedergeburt, das ist der natürliche Zyklus, durch den der Fortschritt stattfinden und die Evolution des Lebens sich vollziehen können.

Der Weg: Ω 1 Omega 1

Auf dem Weg der Geburt wird die Fähigkeit des Abschließens und des Loslassens stets ein wesentlicher Begleiter sein. Die gebärende Mutter muss ihr Kind, das sie monatelang in ihrem Bauch getragen hat, loslassen können, damit es zur Welt kommen kann.
Die Kunst des Loslassens gelingt, wenn wir die natürlichen Zyklen des Lebens begreifen, uns mit ihnen verbünden und so auf sie zu vertrauen lernen.

20 Vertrauen

DNA-Code:
F E L

Elemente:
Feuer, Erde, Luft

Thema 8: Gaia
Es endet jede Wertung.
Eine bedingungsfreie Liebe erblüht
in diesem wertfreien Raum.
In diesem Moment lege ich
das Geheimnis des Lebens in deine Hände.
Das Lied des heilen Urcodes ertönt.
So erblüht vor dir jene lebendig liebende Welt,
in der nur das Wesentliche zählt.

Deutung der Karte:
Aus kosmischen Sphären erreicht ein Lichtimpuls die Mutter Erde. Sie reagiert darauf mit einem warmen Licht. In ihrem Innersten öffnet sich der Urcode des Lebens. Etwas Neues will sich entwickeln und reale Form annehmen. Noch ist nicht sichtbar, was entstehen will. Doch sobald die Mutter Erde sich mit dem kosmischen Licht in Liebe vereinigt hat, kannst du darauf vertrauen, dass die bevorstehenden Entwicklungen segensreich sein werden.

Spürst du solch inspirierende Lichtblitze in deinem Leben?

Kommen dir Ideen, die dich begeistern?
Tauchen vor deinem inneren Auge Möglichkeiten auf, die real verwirklicht werden wollen?
Und hast du den Mut dazu, dich darauf einzulassen?

Das, worum es jetzt für dich geht, ist im ersten Schritt die Wahrnehmung solcher Impulse. Sie kommen aus einem geistigen, sphärischen Bereich und sind jederzeit zugegen. Sie wollen dich berühren, sowohl deinen Geist, als auch dein Herz. Sie wollen dich inspirieren und dazu anregen, nicht nur die bekannten Wege zu gehen, sondern auch neue zu wagen.
Wenn es dir gelingt, dich von solchen Impulsen begeistern zu lassen, folgt der nächste Schritt. Es geht dann darum, die Begeisterung auf deine reale Lebenssituation umzulegen. Da soll die geistige Inspiration mit der materiellen Wirklichkeit sich vereinen. Mit Freude soll sich diese Vereinigung in einem Liebestanz vollziehen. Denn sowohl der freie Geist, als auch deine tatsächlichen Erdenwege sind eine Einheit, aus der Entwicklung, Evolution und Erfüllung entspringen wollen.

Im Inneren der Erdkugel hat sich die Doppelhelix geöffnet und den Urcode aktiviert. Dort, im Inneren, beginnt etwas Neues sich zu entwickeln, heranzuwachsen und auszuformen. Umhüllt wird es von mehreren wärmenden Ringen, die wohlwollend und schützend das Gedeihen des Neuen begleiten.
Es geht darum, dass du auf genau diese Entwicklung vertraust. Das, was in dir erwacht, ist kraftvoll und soll lebendig werden.

Das Spiegelbild: 55 Wahrnehmung

Dort, aus den kosmischen Sphären, erreichen inspirierende Impulse die Mutter Erde. Feurig, kraftvoll und wärmend sind sie. Sobald sie auf der Erdoberfläche eintreffen, beleuchten sie die Erdenwege. Jene Wege also, die gegangen werden sollen, damit aus der reinen Energie eine reale, konkrete Form entstehen kann. Das Vertrauen auf die anstehenden Entwicklungen in deinem Leben steht dann auf einem nährenden Grund, wenn deine Wahrnehmung sich weitet. Mit einer wertfreien Wahrnehmung erkennst du, dass die geistige Inspiration mit deiner materiellen Realität in einem völligen Einklang steht.

Der Weg: 39 der See

Das Vertrauen in die Prozesse deines Lebens gelingen dir, wenn du auch zur Ruhe kommen kannst und innehaltest. Über dem stillen See hat sich der Mond erhoben. Er beleuchtet das Szenario mit seinem eigenen, andersartigen Licht. Die gewohnte Sichtweise verändert sich und erschafft einen warmen, farbenfrohen Raum.
Wenn du diesen See vor dir siehst, halte inne. Nimm wahr, was du in dir drinnen spürst. Dort, wo die Liebe dich hinführen will, findet Entwicklung statt.

21 Erschaffen

DNA-Code:
F E F

Elemente:
Feuer, Erde, Feuer

Thema 8: Gaia
Es endet jede Wertung.
Eine bedingungsfreie Liebe erblüht
in diesem wertfreien Raum.
In diesem Moment lege ich
das Geheimnis des Lebens in deine Hände.
Das Lied des heilen Urcodes ertönt.
So erblüht vor dir jene lebendig liebende Welt,
in der nur das Wesentliche zählt.

Deutung der Karte:
Mit hoher Intensität leuchtet in deinem Wesen deine kreative Schaffenskraft auf. Sie war seit jeher in dir angelegt. Doch nun ist ihre Zeit gekommen, sie will und soll sich jetzt entfalten.
Ihr helles und spontanes Aufleuchten erzeugt wellenförmige Ringmuster, die unbedingt nach außen dringen wollen. Diese Kraft will von dir unbedingt erkannt und angewendet werden.

Für dich ist es im ersten Schritt wesentlich, dass du diese Schöpferkraft in dir aufspürst. Suche nach dem unerwartet hellen Licht in dir. Frage dich selbst, was in dir

so kraftvoll erwachen will.
Was willst du kreativ erneuern?
Was willst du schon lange verwirklichen?
Welche Sehnsucht nach Veränderungen oder nach gänzlichen Neuentwicklungen lebt in dir?
Was löst Begeisterung in dir aus, was bereitet dir intensive Freude?

Wenn du dich erschöpft fühlst und dieses Feuer der Schaffenskraft nicht sofort finden solltest, gib keinesfalls auf. Forsche weiter, denn es ist in dir zum Leben erwacht.
Wenn das, was du verwirklichen möchtest, angeblich nicht möglich sei, handelt es sich dabei um einen Irrtum. Oft sind es falsche, hemmende Glaubenssätze, die uns weismachen wollen, dass wir selbst keine Schöpferwesen wären.

Verstehe aber auch das wahre Wesen des Erschaffens. Diese Fähigkeit ist immer ein Geschenk der Mutter Erde selbst, ein Geschenk der Materie, der realen und stofflichen Wirklichkeit. Wenn du diese Schöpferfähigkeit auszuüben beginnst, bleibe dabei stets im Einklang mit dem Leben, in Verbundenheit mit der Erdenmutter. Setze gezielte Impulse nach außen hin und lasse es zu, dass die Dinge sich so entwickeln, wie sie sich entwickeln wollen. Du als Schöpfer bist der Impulsgeber, mehr nicht. Durch deine Impulse aber wird der Entwicklungsprozess, das Entstehen in Gang gesetzt. Greife danach in diesen Prozess des Entstehens und Gedeihens nicht zu sehr ein. Denn dann kann sich das neue Leben so entfalten, wie es sich entfalten soll.

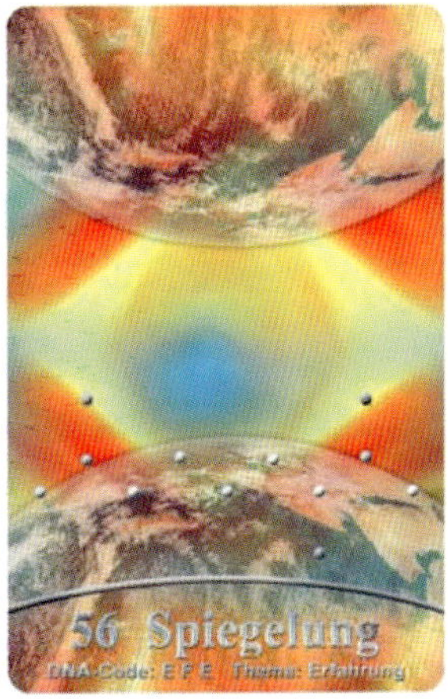

Das Spiegelbild: 56 Spiegelung

Das, was durch deine Initiative erschaffen wurde, ist ein Spiegelbild deiner Selbst. Dein Werk spiegelt dich selbst wider. Es soll vor allem jenes Licht in sich tragen, das deine

Schöpferkraft zum Erblühen gebracht hat.
Das, was dich umgibt, deine Lebensumstände, dir nahestehende Menschen, sowie dein Arbeitsplatz sind ebenfalls Spiegelbilder deiner eigenen Schaffenskraft. Wenn dich in deinem Umfeld etwas stört, suche nicht die Schuld dafür im Außen. Forsche vielmehr nach dem starken Licht in dir und erschaffe dir damit deine neue Welt.

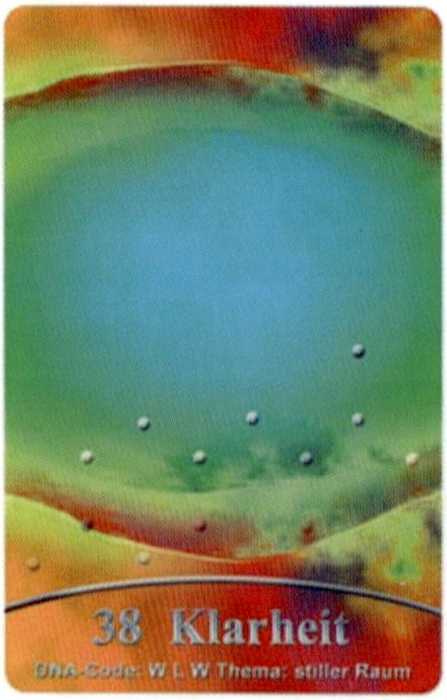

Der Weg: 38 Klarheit

Auf dem Weg des Erschaffens sind die Momente der stillen Klarheit von besonderer Bedeutung.
Immer dann, wenn du einen starken initiativen Impuls nach außen gesetzt hast, ist der Moment des Innehaltens gekommen. Beobachte mit wertfreier Klarheit, wie sich die Dinge zu entwickeln beginnen. Lass alles so entstehen, wie es entstehen will. Setze danach, im richtigen Moment den zweiten Impuls und halte danach wieder inne.
So gelingt es dir, dass deine Schöpferkraft Werke hervorbringt, die in gänzlichem Einklang mit dem Leben und der Mutter Erde gedeihen.

22 Erkennen

DNA-Code:
F L W

Elemente:
Feuer, Luft, Wasser

Thema 9: Licht
Beständig wärmende Kraft der Sonne.
Die Erde gebiert das Zepter des Königs.
Sie legt es in deine Hände, nimm es!
Es wird dich fordern, weise zu handeln.
Reine Kraft liegt in deinen Händen,
lerne sie zu verstehen und nutze sie.
Sie wird dich die Hingabe lehren.

Deutung der Karte:

Ein greller Lichtstrahl durchdringt mit derartiger Intensität den Raum, dass du nichts mehr erkennen kannst. Du bist geblendet und verlierst im ersten Moment gänzlich die Orientierung. Du hast dich immer nur auf das Licht hin ausgerichtet und jetzt, da du dein Ziel endlich erreicht zu haben meinst, verwirrt es dich.

Du haltest inne und beginnst zu verstehen. Du begreifst, dass dich das Licht etwas ganz Wesentliches erkennen lassen will. Es will dir zeigen, dass ein Übermaß an Strahlkraft niemals zielführend sein kann. Das Licht braucht die Dunkelheit, um dem Leben dienen zu können. Es braucht die Möglichkeit, sich zurück nehmen zu können, um heilsam zu wirken. Wenn du immer nur nach dem Licht strebst und nur das Licht anrufst, wirst du darin verbrennen. Wähle daher die Ausgewogenheit. Liebe sie beide, sowohl das Licht, als auch die Dunkelheit.

Durch dieses Erkennen nimmt die Intensität des Lichtstrahls sich schrittweise zurück und wird so zu einer beständig wärmenden Sonnenkraft. Mehr noch, aus dem formlosen Lichtblitz formt sich allmählich eine sechsstrahlige Struktur, die sich zu drehen beginnt. Du blickst direkt in dieses Sonnenlicht, ohne geblendet zu sein. Und dir wird bewusst, wer du tatsächlich bist.

Du selbst trägst dieses enorme Lichtpotential in dir. Dies ist eine Kraft, die dich zum Schöpfer macht, mit der es aber auch weise umzugehen gilt. Die Aufgabe des Lichtes besteht darin, dem Leben zu dienen. Das gilt für jedes Licht, vor allem aber auch für jene starken Kräfte, die in dir angelegt sind.

Wenn du dich mit deinem eigenen Potential verbindest, beginnst du das Wesen des Lichtes zu erkennen. Sobald es sich hingibt, beginnt es das Leben mit seiner Wärme zu beschützen und zu nähren.

Wenn du deine Kräfte fokussierst, sind sie von besonderer Wirksamkeit. Fokussiere sie daher stets derart, dass sie im Einklang mit deinen Seelenkräften stehen.

Das Spiegelbild: 45 Seelenwege

Du erkennst deine Lichtkraft, du siehst, wie du sie nutzen und verwenden kannst. Du hast verstanden, dass du sie am besten in ausgewogenem Maße erstrahlen lässt. Dann erkennst du ihre Form und ihre Struktur.
Du siehst, dass das sich drehende Rad deiner eigenen Lichtkraft sich in den Mustern deiner

Seelenwege widerspiegelt. Das Licht, das dir in deine Hände gegeben wurde und die Bewegungsmuster deiner eigenen Seele sind eins. Dein Licht hat nun begonnen, deinen Seelenkräften zu dienen.

Der Weg: 37 Erfolg

Auf deinem Weg des Erkennens hast du die Struktur und die wärmend beschützende Aufgabe deiner eigenen Lichtkräfte verstanden. Es ist dir gelungen, deine Kräfte weise zu nutzen und sie mit deinen Seelenwegen in Einklang zu bringen. Darin lag der Schlüssel für deinen Erkenntnisweg.

Der Lohn, der sich daraus einstellt, besteht in jenem Erfolg, der dir nun zuteilwird. Es ist der Erfolg des Gedeihens, der im Einklang mit dem Leben steht, der dich zutiefst erfüllt und dein gesamtes Wesen begeistert.

23 Kraft

DNA-Code:
F L E

Elemente:
Feuer, Luft, Erde

Thema 9: Licht
Beständig wärmende Kraft der Sonne.
Die Erde gebiert das Zepter des Königs.
Sie legt es in deine Hände, nimm es!
Es wird dich fordern, weise zu handeln.
Reine Kraft liegt in deinen Händen,
lerne sie zu verstehen und nutze sie.
Sie wird dich die Hingabe lehren.

Deutung der Karte:
Sie trägt ihr blaues planetares Kleid und strahlt Schönheit aus. Mit gleichmäßiger Ruhe dreht sich Mutter Erde um sich selbst. Sie ist empfangsbereit.
Aus der Sonne wird eine Lichtgestalt geboren. Behutsam nähert sie sich der Erde und beginnt mit ihr einen Liebestanz. Das Licht umspielt die Erdenmutter wie ein Liebender, der um seine Geliebte wirbt. Die Erde öffnet sich und gibt sich dem Geliebten hin. Das wärmende Licht berührt sie in ihrem innersten Kern. Von innen heraus beginnt sie selbst zu leuchten und gebiert eine Kraft, welche beide gleichermaßen erfüllt, den Liebenden wie die Geliebte.

Die Szene verändert sich und du selbst wirst Teil dieses Spieles. Du wirst zur Mutter Erde und öffnest dich für das Licht, das dich durchdringt. Du spürst, wie es dich in deiner eigenen Mitte berührt und erwärmt. Dort, in deiner Mitte, erwacht jene Kraft, die das Leben erschafft. Es ist die Kraft des Herzens, es ist die Liebeskraft, die dich von innen nach außen durchströmt und belebt.
Du beschenkst das Licht, das um dich wirbt, mit deinem Liebestanz und mit deiner lustvollen Freude. Das, was hier und jetzt in diesem Liebesspiel erwacht, ist die Schöpferkraft, die Fähigkeit, Leben zu gebären.

Ein weiteres Mal verändert sich das Szenario. Jetzt bist du das Licht, der Liebende, der seine Geliebte zu verführen sucht. Du bist das wärmende Licht, das sich der Geliebten schenken will. Du übernimmst den aktiven Part, bist der männliche Aspekt im Liebesspiel. Du umhüllst sie mit deiner wärmenden Hingabe und wartest behutsam auf den Moment, in dem sie sich bereitwillig öffnen wird.

Beide bist du, sowohl die sich Öffnende, als auch der sich Hingebende. Du erkennst aber vor allem eines: Dieses Liebesspiel wird nur dann zu einem lustvoll erfüllenden Tanz, wenn nichts erwartet wird. Die Dynamik des Liebestanzes kommt zustande, wenn jeder bereit ist, fraglos zu geben, sich zu öffnen und zu empfangen. Dann entsteht daraus jene dynamische Kraft, welche die Schönheit des Lebens erschafft.

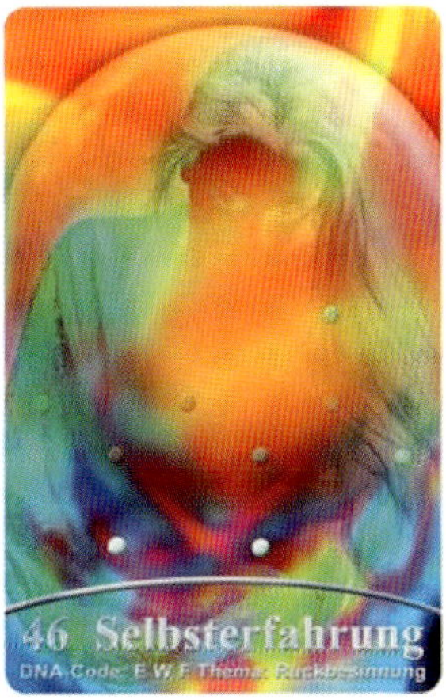

Das Spiegelbild: 46 Selbsterfahrung

Die Kraft wird durch das Liebesspiel, durch den betörenden Liebestanz geboren. Deine lustvoll liebende Begegnung mit dem Liebespartner spiegelt sich im Innersten deiner Seele wider. Du spürst und erlebst dich selbst in einer außergewöhnlich intensiven Weise. Dein Herz tanzt und erfüllt dich mit Glücksgefühlen.

Blicke in diesem berauschenden Zustand immer wieder auch nach innen. Höre vor allem auf das, was dein Herz dir sagt. Denn bei solch intensivem Erleben werden häufig jene Seelenkräfte aktiv, die dich an deinen eigentlichen Lebensplan erinnern wollen.

Der Weg: 36 Lebendigkeit

Der Weg der Kraft ist ein Weg der Liebe. Durch die Vereinigung der Liebenden mit dem Geliebten färbt sich die Welt mit den Farben der Lebendigkeit, den Grüntönen. Das ist die Farbe des Herzchakras, das Farbenspiel des Urvertrauens, das ist die Farbfrequenz, die der Mutter Erde zu eigen ist.

Auf dem Weg der Kraft wird vor allem die Frage nach dem Urvertrauen immer wieder gestellt werden. Bist du bereit, ohne etwas zu erwarten dich hinzugeben? Vertraust du auf die frei fließende Urkraft der Liebe?

Wenn dir das gelingt, wird alles in deinem Leben gedeihen und dich mit der Kraft der Lebendigkeit erfüllen.

24 Aufrichtung

DNA-Code:
F L L

Elemente:
Feuer, Luft, Luft

Thema 10: Vernetzung
Myriaden leuchtender Lichtfunken ergießen sich in dir, strömen durch dich hindurch und fließen zur Erde hin. Erinnere dich an dein Mensch-Sein. Erinnere dich an jenen Auftrag, den du seit jeher in dir trägst: Du bist die Brücke zwischen Himmel und Erde. In dir vereint sich das Licht mit der Erdenmutter, damit die kosmische Hochzeit stattfinden kann.

Deutung der Karte:
Dein Geist ist wach, richtet sich nach oben hin aus und steigt hinauf in den sphärischen Raum. Blicke in den freien Himmel. Fokussiere dabei nicht einen einzelnen Punkt, sondern versuche das Ganze zu erfassen. Dann kannst du jene tanzenden Lichtpunkte sehen, die in rascher Bewegung myriadenfach über den Himmel gleiten.

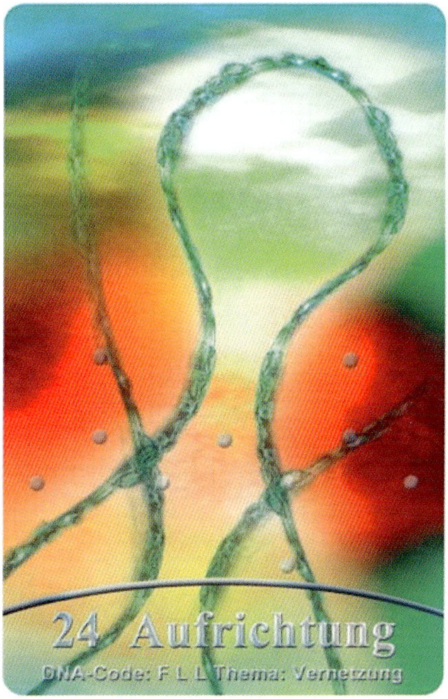

Lass dir Zeit, lass das, was du wahrnimmst gedankenfrei auf dich wirken. Nimm mit deinen Augen mit deinem geweiteten Blick diesen Lichtertanz in dich auf. Dein wacher Geist will davon inspiriert und begeistert werden. Eine Fülle an Eingebungen strömt in dich ein und belebt dynamisch deinen Geist. Gib all dem, was du dabei erlebst, noch keine Namen, begrenze es nicht, indem du es zu deuten versuchst. Denn es ist weiter und umfassender, als deine mentalen Gedanken es zu erfassen vermögen.

Du erlebst in diesem Moment das sphärische, kosmische Licht in seiner dynamischen und inspirierenden Form. Mit seiner vibrierenden Kraft will es dein Bewusstsein weiten und aktivieren. Erst nach und nach werden diese Lichtpunkte sich zu einem Gewebe vernetzen, das du schrittweise zu verstehen beginnst.

Drehe nun die Aufrichtung deines Geistes um und kehre damit zur Erde zurück. Denn dann erst kann dir bewusst werden, was du geschaut und erlebt hast. Mit deiner zurückkehrenden Bewegung erfüllt sich die grundlegende Bedeutung deines Mensch-Seins. Du bist ein Wesen mit ausgeprägten geistigen Fähigkeiten. Gleichzeitig bist du ein Erdenwesen, aus der Mutter Erde geboren. Sie hat dich ausgestattet mit einem realen Körper, der zur Gänze aus Stoffen besteht, die dir von ihr geschenkt wurden und von ihr ständig erneuert werden.
Mit deinem Geist nimmst du wahr, mit deinem materiellen Körper aber spürst und erlebst du auf sinnliche Weise. All das, was dein Geist empfängt, bringe es zur Erde zurück. Denn hier, auf dem Boden der Erdenmutter, entsteht daraus eine konkrete Gestalt und eine sichtbare Form. Du beschenkst die Mutter Erde mit dem geistigen Licht, während sie dich mit sinnlichen Freuden und mit Lebenslust bereichert.
Durch die Rückkehr erst erlangt die Aufrichtung deines Geistes eine Bedeutsamkeit.

Das Spiegelbild: 43 Wahrheit

Wenn du mit den noch formfreien tanzenden Lichtpunkten zur Erde zurückgekehrt bist, antwortet sie dir mit einem inneren Leuchten. Aus ihrer Mitter heraus leuchtet ein stilles

Licht, das deine bisherige Wahrnehmung der Welt verändert. Dadurch gedeiht für dich eine neue, eine viel umfassendere Wahrheit.
Die Aufrichtung deines Geistes spiegelt sich in diesem stillen inneren Licht der neuen Wahrheit wider. Das verwandelt deine Sicht der Welt grundlegend. Eine Verwandlung allerdings, die wellenförmig von innen nach außen dringt. Sie will sich in deinem Leben konkret verwirklichen.

Der Weg: 35 Verbundenheit

Wenn du dich auf dem Weg der Aufrichtung befindest, wenn dein Geist sich in die geistigen Sphären erhebt, wird stets die Verbundenheit mit der Mutter Erde von bedeutsamer Wichtigkeit bleiben. Denn all das, was dein Geist in den hohen Sphären erfährt und in sich aufnimmt, hat vorerst noch keine reale Gestalt und Form.
Erst dann, wenn das eingesammelte Licht zur Erde gebracht wird, beginnen die losen Lichtpunkte sich zu einem sinnvollen Gewebe zu vernetzen. Aus diesem verbundenen Gewebe entsteht schrittweise eine Form mit realer Sinnhaftigkeit.

25 die Gabe

DNA-Code:
F L F

Elemente:
Feuer, Luft, Feuer

Thema 10: Vernetzung
Myriaden leuchtender Lichtfunken ergießen sich in dir, strömen durch dich hindurch und fließen zur Erde hin. Erinnere dich an dein Mensch-Sein. Erinnere dich an jenen Auftrag, den du seit jeher in dir trägst: Du bist die Brücke zwischen Himmel und Erde. In dir vereint sich das Licht mit der Erdenmutter, damit die kosmische Hochzeit stattfinden kann.

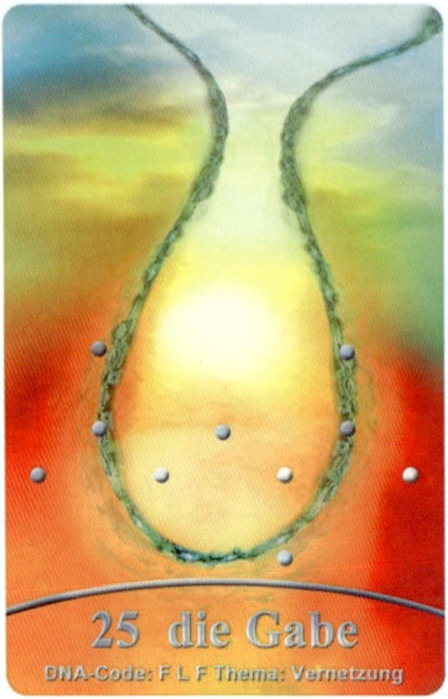

Deutung der Karte:
Jederzeit bewegt sich dein Geist mit hoher Geschwindigkeit durch die lichtvollen Sphären. Dein Geist zieht die dynamischen Bewegungen des Lichtes an, verwebt sich mit den sphärischen Bewusstseinsfeldern, nimmt Informationen in sich auf, verarbeitet sie, wächst und gedeiht mit ihnen. Das geschieht in jedem Augenblick, myriadenfach und ist uns nur selten bewusst.
Dein Geist kennt keine Grenzen. Er ragt weit hinaus in den kosmischen Raum. Mit dem reinen Licht ist er verbunden.
Doch was nützt uns all das, wenn wir dazu keinen Zugang haben?

Ein unendliches geistiges Wesen bist du, das mit Lichtgeschwindigkeit sich bewegt. Doch gleichzeitig bist du auch ein irdisches Wesen, das mit der sinnlichen Materie der Erdenmutter eine stoffliche Gestalt angenommen hat. Und gerade um dieses Dasein als menschliches Doppelwesen geht es jetzt, da die unendliche Weite deines Geistes für dich erlebbar werden will.

Das Mysterium der Gabe vollzieht sich dann, wenn du dein körperliches Sein in gleicherweise achtest und liebst, wie deine geistige Unendlichkeit. Dann wird deine körperliche Gestalt und dein materielles Sein empfangsbereit und öffnet sich. All das, was dein reger Geist an Lichtquanten aufgenommen hat, kann so in dein reales Leben einfließen und dich durchlichten.

Die Vereinigung des geistigen Lichtes mit der sinnlichen Materie ist das Geschenk, die Gabe, der kosmische Liebestanz allen Lebens. Die Voraussetzung dafür ist eine Umkehrung, eine Veränderung deiner geistigen Ausrichtung. Solange deine geistige Fokussierung auf das Licht und auf die hohen Sphären alleine gerichtet bleibt, wird deine Geisteskraft für dich unerreichbar bleiben. Sobald es dir aber gelingt, deinen Geist nach unten hin herabzusenken, können wahre Wunder in deinem Leben geschehen. Denn dann erfüllst du jene Bestimmung, die deinem Menschsein innewohnt. Dann bist du der erdverbundene Mensch, der das kosmische Licht empfängt. Gib es an all jene weiter, die dich umgeben. Gib es aber vor allem an die Mutter Erde weiter.
Die Gabe des geistigen Lichtes wird erst dann zu einem nützlichen Geschenk, wenn du es nicht für dich behältst, sondern mit wahrer Freude teilst.

Das Spiegelbild: 44 Belebung

Sobald du die Ausrichtung deines Geistes soweit gewandelt hast, dass du herabzusinken bereit bist, wird die Gabe des Lichtes zu einem wahren Geschenk. Wenn die stoffliche Wirklichkeit deines Lebens von dir mit echter Liebe durchdrungen wird, öffnet sie sich. Dann können die kosmischen Impulse deine Realität durchdringen. Das führt zu einer allumfassenden Belebung deiner Sinne. Eine dynamische Lebensfreude kehrt so in deine Innenräume ein, die mit starker Intensität nach außen strahlt.

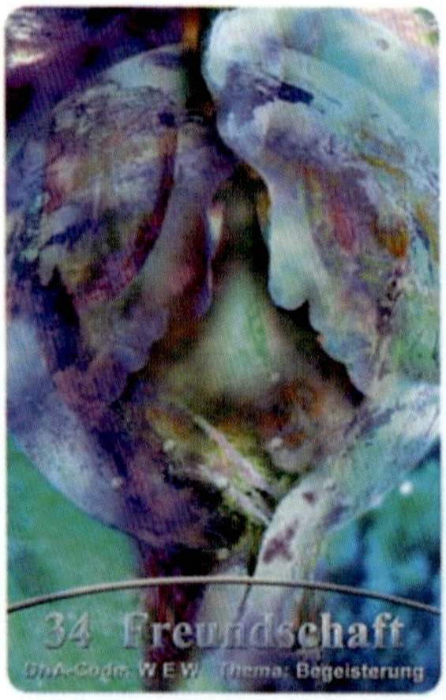

Der Weg: 34 Freundschaft

Wenn du die Gabe des geistigen Lichtes empfängst, beginnt dein Weg des freundschaftlichen Teilens. Denn nichts wäre gefährlicher, als solch eine Geschenk für sich behalten zu wollen.

Tatsächliche Freundschaft findet dann statt, wenn jegliche Wertung und Erwartung enden. Die Aspekte des Lichtes sind in gleichem Maße wertvoll, wie jene der Dunkelheit. Denn das Licht befruchtet zwar die Dunkelheit, während aber aus der Dunkelheit heraus erst das Licht geboren wurde.

26 Genesung

DNA-Code:
F F W

Elemente:
Feuer, Feuer, Wasser

Thema 11: Urmutter
Über dem Land weht ein unruhiger Geist.
Doch als die Erde sich öffnet, kehrt endlich Stille ein.
Die emotional aufgebrachten Kräfte sammeln sich
und sinken ein in den Schoß der Erdenmutter.
Festgefahrene Gültigkeiten löst sie gänzlich auf.
Mit smaragdgrün pulsierendem Leuchten findet Heilung statt.
Aus ihrer Mitte heraus wirst du neu geboren.

Deutung der Karte:

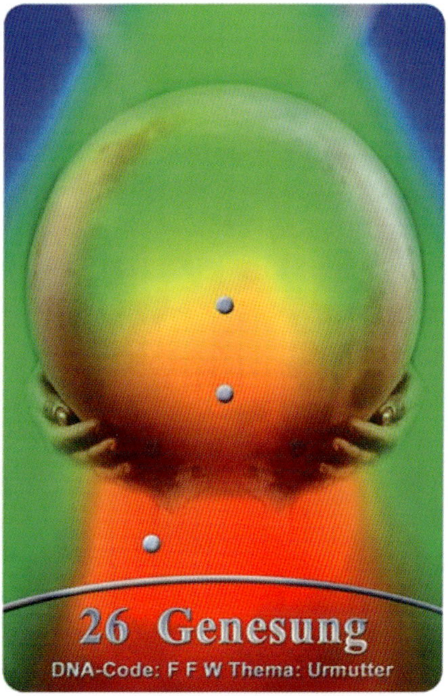

Aufgebrachte Emotionen entfachen einen atmosphärischen Sturm. Unruhige Windböen ziehen über das Land und lassen deinen Geist nicht zur Ruhe kommen. Immer wieder kreisen dieselben Gedanken durch deine Sinne, ohne dich einer Lösung anzunähern. Deine Kräfte erschöpfen sich und du sehnst dich nach einem Zufluchtsort. Genau das ist es, einen Zufluchtsort solltest du jetzt finden können, an dem deine Seele und dein Geist Genesung erfahren können.

Dann siehst du, wie an einer freiliegenden Hügelkuppe die Erde sich öffnet. Du näherst dich die-

sem mystisch erscheinenden Ort an und der aufwühlende Sturm hält plötzlich inne. Wohltuend verwandelt sich der Raum, der dich umgibt. Du hast eine andere, eine bislang unsichtbare Welt betreten.
In die Öffnung an der Hügelkuppe gleitest du sanft hinab. Es ist die Erdenmutter selbst, die dich in ihr Inneres hinein aufnimmt. Ein smaragdgrünes Leuchten umgibt dich mit nährender Wärme. Das dich umgebende Licht durchdringt dein gesamtes Wesen. Die Gedanken, die du bisher gedacht hattest, verlieren ihre Gültigkeit. Selbst festgefahrene Glaubensmuster werden durch dieses Licht aus ihrer Verankerung entbunden und entgleiten dir auf befreiende Weise.

Dort, im Bauch der Mutter Erde findet eine allumfassende Heilung statt. Du spürst, wie ihre Hände dich kraftvoll liebend umhüllen. Du hörst ihre Stimme, sie singt ein Lied. Auch wenn du ihre Worte nicht verstehst, erfüllen sie dich dennoch mit einer weitreichenden Zuversicht.

Was war es nur, das dich derart aufgewühlt hatte?
Ja, genau, deine innere Mitte hattest du verloren. Du warst auf die eine Seite gekippt und hattest nur mehr diese eine Sichtweise gekannt. Den anderen Pol, der genauso immer dagewesen war, den hattest du vergessen oder verdrängt. Doch hier und jetzt, da im wärmenden Bauch der Mutter Erde, hast du deine innere Mitte wiedergefunden. Das beruhigt dich nicht nur, sondern macht dich weit. Du bist bereit, wiedergeboren zu werden.

Das Spiegelbild: 49 Bewusstsein

Wenn dein Bewusstsein in seiner Gesamtheit erwacht, findet die Genesung deiner Seele statt. Das erwachte Bewusstsein erkennt das lebendige Geheimnis der Polarität. Beide Pole leuchten hell auf und zwischen den

gegensätzlichen Kräften beginnt der anziehende Magnetismus zu fließen.
Wenn du nicht nur die „guten“ Seiten in dir hervorkehrst, sondern auch deine eigenen Schattenseiten zu achten und zu lieben lernst, wirst du heil werden. Das, was du an dir bislang nicht geachtet oder wofür du dich geschämt hattest, ist reine Energie. Lass auch diese ungelebten Kräfte von den liebenden Händen der Mutter Erde heilsam berühren.

Der Weg: 33 Wiederkehr

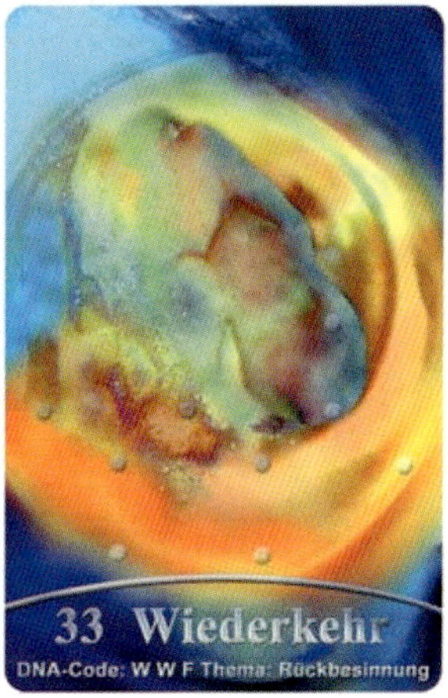

Der Weg der Genesung beginnt mit dem Hinabsinken in den wärmend heilenden Bauch der Mutter Erde. Dort findet nicht nur Heilung, sondern auch eine umfassende Verwandlung deiner Gedankenmuster und deiner Emotionen statt.
Verweile dort, solange wie nötig. Das bereitet dich vor auf deine Wiedergeburt. Das ist der stets sich wiederholende Kreislauf der Wiederkehr. Er beginnt mit dem Vergehen, auf das die Neugestaltung und die Neuerscheinung deines Wesens folgt.

27 Geborgenheit

DNA-Code:
F F E

Elemente:
Feuer, Feuer, Erde

Thema 11: Urmutter
Über dem Land weht ein unruhiger Geist.
Doch als die Erde sich öffnet, kehrt endlich Stille ein.
Die emotional aufgebrachten Kräfte sammeln sich
und sinken ein in den Schoß der Erdenmutter.
Festgefahrene Gültigkeiten löst sie gänzlich auf.
Mit smaragdgrün pulsierendem Leuchten findet Heilung statt.
Aus ihrer Mitte heraus wirst du neu geboren.

Deutung der Karte:
Einst hattest du alles im Griff. Du wusstest genau, was du wolltest, du hattest Ziele und genaue Pläne, wie du diese Ziele erreichen könntest. Du wusstest, was du tun musstest, um beruflich erfolgreich zu sein. Du hattest ganz genaue Vorstellungen, wie deine Partnerschaft funktionieren sollte, welche Voraussetzungen dein Partner zu erfüllen hätte und was Liebe wäre. Doch dann kam alles ganz anders. Weder in der Liebe, noch im Beruf lief es so, wie du es geplant hattest. Deine Welt brach zusammen und es wurde dunkel um dich herum. Je mehr du dich bemühtest, dein so perfekt geplantes Leben zu retten, desto weniger funktio-

nierte es.

Deine Energien sind erschöpft und du befindest dich in einem Sinkprozess. Und genau jetzt, während du immer tiefer hinab zu sinken beginnst, geht es darum zu erkennen, welch ein Segen diese Lebensphase für dich in Wahrheit ist.
Du hattest zwei ganz entscheidende Dinge nicht gewusst oder aus deiner Seele verdrängt: Das Leben verliert seine Lebendigkeit, wenn du es nach deinem Willen strikt zu planen versuchst. Und die Liebe hört zu fließen auf, wenn du sie Voraussetzungen und Regeln unterwirfst.

Nun liegt es an dir, den Segen deines Sinkprozesses zu erkennen. Wenn dir die Welt um dich herum dunkel und kalt erscheint, ist dies ein gutes Zeichen. Denn dann gleitest du in die Tiefe hinab. Lass dich fallen und kehre zurück in den Bauch der Mutter Erde. Dort, im Bauch der Urmutter wurde jenes Leben geboren, das von dir gelebt werden soll. Deine Seele wusste immer genau, worin der tatsächliche Weg deines Lebens bestünde. Du hattest die Stimme deiner Seele nicht gehört, doch nun meldet sie sich wieder zu Wort.
Sobald du im Bauch der Erdenmutter angelangt bist, berührt sie dich mit ihren liebenden Händen. Die Dunkelheit schwindet und es wird warm um dein Herz. Ein weiches Licht erfüllt dich mit unendlicher Geborgenheit. Es gibt nichts, was jetzt getan werden müsste. In dieser Geborgenheit im Bauch der Urmutter wird in diesem Moment deine Seele neu geboren.

Das Spiegelbild: 50 Mut

Es bedarf einigen Mutes, sich der Geborgenheit der Mutter Erde hinzugeben. Das gilt besonders dann, wenn dein Wesen bislang auf äußeren Erfolg und vor allem auf Anerkennung durch Andere ausgerichtet war.
Doch gerade der Verzicht auf diese Anerken-

nung ist der Schlüssel zu deiner wahren Stärke. Dann hast du den Mut, jener Mensch zu sein, der du tatsächlich bist. Dann lebst du jenen Seelenweg, der im Bauch der Mutter Erde gerade neu geboren werden will.

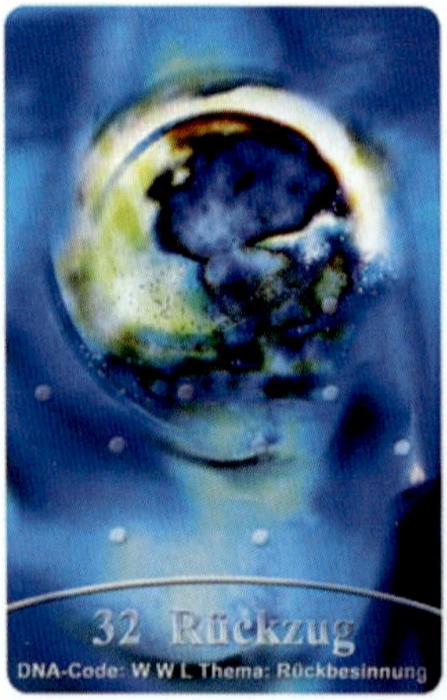

Der Weg: 32 Rückzug

Der Weg in die heilsame Geborgenheit der Urmutter beginnt mit deinem Rückzug. Es ist vor allem der Rückzug aus jener Scheinwelt, in der du diesen oder jenen Anschein erwecken und aufrechterhalten musst, um anerkannt zu werden.

Der Rückzug ist kein einfacher, da auch die angeblichen Freunde aus deinem Leben entschwinden werden. Daher wird dir Vieles als dunkel, kalt und sinnlos erscheinen. Doch verändere nur ein klein wenig deinen Blickwinkel. Dann wirst du sie sehen, die Urmutter, die mit ihren liebenden und nährenden Händen deine Seele erwärmt.

28 Mutterliebe

DNA-Code:
F F L

Elemente:
Feuer, Feuer, Luft

Thema 11: Urmutter
Über dem Land weht ein unruhiger Geist.
Doch als die Erde sich öffnet, kehrt endlich Stille ein.
Die emotional aufgebrachten Kräfte sammeln sich
und sinken ein in den Schoß der Erdenmutter.
Festgefahrene Gültigkeiten löst sie gänzlich auf.
Mit smaragdgrün pulsierendem Leuchten findet Heilung statt.
Aus ihrer Mitte heraus wirst du neu geboren.

Deutung der Karte:
Lange bevor du geboren wurdest wuchs dein Lebensplan im Bauch der Mutter Erde heran. Mit ihrer Mutterliebe hatte sie ihn wärmend genährt und mit den Mustern deiner eigenen Seele zu einem vielschichtigen Gewebe verwoben. Dieser Lebensplan ist dir in deine Seele geschrieben und deine Seelenkräfte sind es, die ihn verwirklichen wollen.
Erst nach diesem Prozess wuchs dein realer Körper in deiner leiblichen Mutter heran. Wieder war es die Liebe einer Mutter, die dich auf dein Leben vorbereitet hatte.

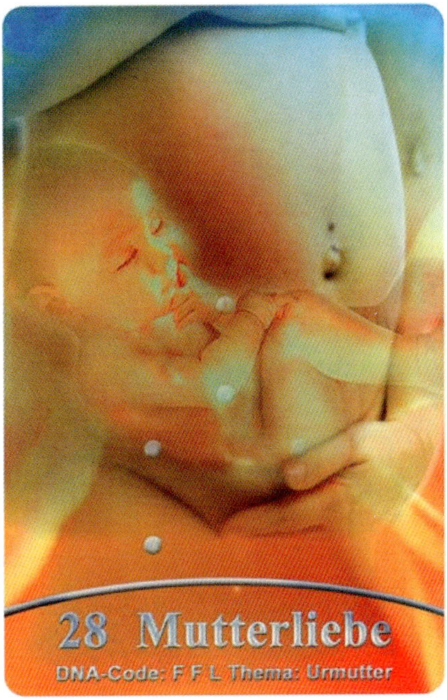

Verstehe nun, dass der Lebensplan deiner Seele nicht dem Willen deines mentalen Geistes unterliegen kann. Das, was du willst, wird nur dann segensreich sein, wenn es im Einklang mit deinem Seelenplan steht. Ein überzeichneter Wille hingegen erschafft Ego-Strukturen, die weder dir, noch deinem Umfeld, noch dem globalen Entwicklungsplan dienlich sein können.

Erinnere dich an die allumfassend nährende Mutterliebe der Erdenmutter. Diese Liebe ist dir in deine Seele geschrieben. Du erinnerst dich daran, wenn du einen blühenden Baum, eine reife Frucht oder die Stille in einem verschneiten Land mit all deinen Sinnen in dich aufnimmst.
Du erinnerst dich daran, wenn du deinem Liebespartner begegnest und mit ihm die Schönheit der Sinnlichkeit in erwartungsfreier Weise erlebst.
Du erinnerst dich daran immer dann, wenn du die Geschenke des Lebens freudvoll mit Dankbarkeit zu genießen imstande bist.

Dann, wenn du den Einklang mit deinem Lebensplan in deiner Seele spürst, bist du bereit, die Kraft des männlichen Lichtes zu empfangen. Es ist das geistige Licht, das dich mit seiner liebenden Kraft durchströmen will. Es wird dich inspirieren, es wird dich mit jener Energie erfüllen, die dich aktiv werden lässt. Damit dein Seelenplan sich erfüllen kann, bedarf es auch dieser aktiven Impulse. Doch bleibe dabei stets mit der Erdenmutter verbunden, damit sie dich weiterhin mit ihrer Liebe nähren kann.

Das Spiegelbild: 47 Liebeskraft
Die Kraft der Liebe ist impulsiv, aufwühlend und zeitweise sogar irritierend. Sie tritt immer unerwartet in dein Leben und will gelebt werden. Sie erfüllt dich mit bewegender Stärke. Sie ist das Spiegelbild zur gänzlich anders gepolten Mutterliebe. Die Liebeskraft wühlt mit heftigen Lichtimpulsen dein gesamtes Wesen auf, während die Mutterliebe dich sanft erwärmt und ausbalanciert.

Beides brauchst du in deinem Leben. Sowohl die sanfte, als auch die stürmische Form der Liebe sind Spielarten des Lebens, die deinem Seelenplan innewohnen.

Der Weg: 31 Urfrau

Alles Leben wurde und wird im Bauch der Urfrau geboren. Das gilt im Besonderen auch für deinen eigenen Lebensplan, der deiner Seele innewohnt. Mit ihrer Mutterliebe hat sie deinen Seelenplan geschrieben.
Suche die Verbindung zur Urfrau, wenn du deinen Lebensweg in erfüllender Weise gehen willst. Finde die Stimme der Urfrau in dir selbst, in deinem eigenen Wesen. Finde die Weissagungen der Urfrau auch in den vielfältigen Stimmen der freien Natur. Dann wird das Wunder des Lebens sich in dir verwirklichen.

29 die Wärme

DNA-Code:
F F F

Elemente:
Feuer, Feuer, Feuer

Thema 11: Urmutter
Über dem Land weht ein unruhiger Geist.
Doch als die Erde sich öffnet, kehrt endlich Stille ein.
Die emotional aufgebrachten Kräfte sammeln sich
und sinken ein in den Schoß der Erdenmutter.
Festgefahrene Gültigkeiten löst sie gänzlich auf.
Mit smaragdgrün pulsierendem Leuchten findet Heilung statt.
Aus ihrer Mitte heraus wirst du neu geboren.

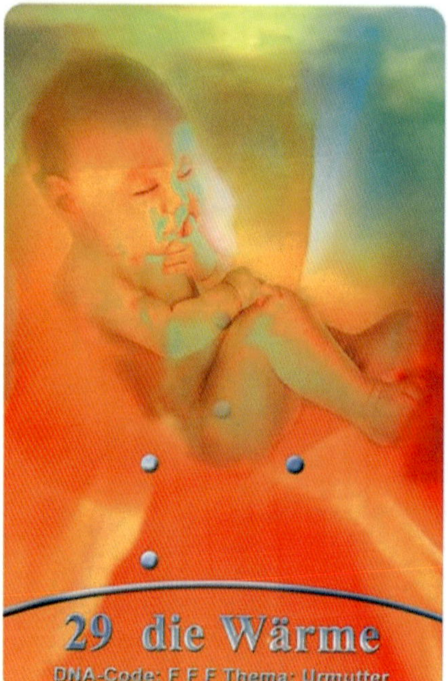

Deutung der Karte:
Ein stilles Feuer lodert in der Mitte der Mutter Erde. Dies ist das Herz der Urmutter mit seinem ureigenen Pulsieren. Das stetig lodernde Feuer steigt durch ihren mütterlichen Organismus empor und verwandelt sich zu einer nährenden Wärme. Alles Leben gedeiht durch diese liebende Wärme.
Und mehr noch, diese pulsierend aufsteigende Energie ist jene Kraft, die den individuellen Lebensplan jeder Seele erschafft. Das, was geschehen soll, die Ereignisse, die stattfinden sollen, die Menschen, denen du begegnen sollst, all das wird durch diese Wärme dir in deine Seele geschrieben.

Du bist das Kind der Urmutter, so wie die gesamte Menschheit, jedes Geschöpf und jedes Pflanzenwesen die Kinder der Erdenmutter sind. Sei dir bewusst, dass du ihr Kind bist, sei dir bewusst, dass dein Leben von ihr erschaffen wurde, sei dir bewusst, dass du von ihr alleine genährt wirst, jederzeit. Denn nur dann, wenn du dir deines Kindseins bewusst bleibst, kannst du gedeihen und dich deinem Seelenplan entsprechend entfalten.

Ein Kind, das seine Mutter zu beherrschen versucht, verliert seine Kraft. Ein Kind, das meint, unabhängig von seiner Mutter bereits existieren zu können, wird dramatische Erfahrungen machen und im schlimmsten Fall sein Leben verlieren. Wie sehr du und der Mensch auch glaubt, mit seinen mentalen Fähigkeiten das Leben verstehen zu können, so sehr irrt er sich.

Aus dem Inneren der Erdenmutter steigen wärmende Impulse auf. Sie formen deinen Lebensplan, sie lassen dich gedeihen und beschenken dich mit der Fähigkeit der Liebe. Besonders die partnerschaftliche Liebe mit ihrer lustvollen Sinnlichkeit ist ein ganz wesentliches Geschenk der Urmutter. Ein Geschenk allerdings, das sich nicht beherrschen, nicht reglementieren lässt, da die Liebe von ihrem Wesen her eine gänzlich frei fließende Kraft ist.

Das Spiegelbild: 48 Strahlkraft

Wenn du die Fähigkeit des Empfangens wieder erlernt hast, löst das nährende Feuer der Erdenmutter eine Initialzündung in dir aus. In deiner eigenen Mitte erwacht das Feuer des Lebens, das mit intensiver Strahlkraft nach außen dringt.

Durch dieses Strahlen, das nun von dir ausgeht, wirst du zu einem zentralen Träger der Evolution. Nicht nur dein eigenes Leben gedeiht deinem Seelenplan entsprechend. Auch dein gesamtes Umfeld empfängt Impulse, welche Entwicklungsprozesse in Gang bringen.

Aus dem Herzen der Mutter Erde entspringt diese impulsgebende Kraft. In deinem eigenen Wesen verwandelt sie sich zu einer Strahlkraft, die ringförmige Ereigniswellen mit großer Wirksamkeit erschafft.

Der Weg: 30 Empfängnis

Damit die nährende Wärme der Erdenmutter dich erreichen kann, ist die Empfangsbereitschaft die grundlegende Voraussetzung. Du öffnest dich für die impulsgebende Wärme, sobald du dir deines Kindseins bewusst bist und dich der Großen Mutter hingibst. Durch deine fraglose Hingabe wird das Empfangen möglich.

Die Wärme wird dein gesamtes Wesen durchströmen. Sie wird dich nicht nur nähren, sondern mit Freuden, mit Lust und Sinnlichkeit, sowie mit kreativen Ideen erfüllen.

30 Empfängnis

DNA-Code:
W W W

Elemente:
Wasser, Wasser, Wasser

Thema 12: das Wunder
Zur Ruhe gekommene Emotionen
lassen den See in klarem Licht erscheinen.
Von seinem türkisfarbenen Grund
steigt eine meisterliche Kraft empor.
Diese Kraft bringt alles zum Erblühen.
Das gesamte Land blüht auf und gedeiht.
In allem erstrahlt ein Leuchten
mit regenbogenfarbenem Glanz.
Das Wunder des Lebens nimmt seinen Lauf.

Deutung der Karte:

Aufgewühlt waren deine Emotionen über lange Zeit. Du konntest nicht zur Ruhe kommen, deine Reaktionen waren nicht immer angemessen, du warst gereizt.
Doch warum war das so?
Du hattest das Gefühl, immer nur geben zu müssen, ohne dafür etwas zurückzubekommen. Du hattest das Gefühl, dass viel zu viel von dir verlangt und erwartet wurde.
Dann hattest du begonnen, selbst zu fordern, selbst zu nehmen. Du hattest von anderen verlangt, deine eigenen Bedürfnisse zu erfül-

len. Aber auch das war im Grunde nur ein Kampf, der dich nicht zufrieden stellen konnte.

Doch dann begannen die Kräfte sich auszugleichen. Es war ein bedeutsamer Wendepunkt in deiner inneren Orientierung. Du hattest aufgehört, dich auf die Wünsche anderer auszurichten. Du hattest auch aufgehört, vehement zu fordern und von anderen die Erfüllung deiner Wünsche zu erwarten.
Du hattest aber begonnen anzunehmen. Genau das ist die Kunst des Empfangens, nichts zu erwarten, gleichzeitig aber dich hinzugeben und all das anzunehmen, was das Leben dir schenken will. Die Hingabe ist der Schlüssel, die Hingabe an das Leben selbst, das sich mit all seiner Fülle zu offenbaren beginnt. Durch die erwartungsfreie Hingabe ereigneten sich in deinem Leben erfüllende Dinge, die wie ein Wunder dir vorkamen. Das natürliche Gleichgewicht des Empfangens und des Gebens waren wiederhergestellt.

Vor dir siehst du einen See, der zur Ruhe gekommen ist. Der Wasserspiegel ist ruhig und klar. Aus seiner Mitte steigt eine sphärische Kraft empor, die du mit all deinen Sinnen einatmest und in dich aufnimmst. Du erlebst eine sinnliche Freude, die langsam in dir aufzusteigen beginnt. Sie bewegt dich auf wunderbare Weise und erfüllt dein Sonnengeflecht mit einem wärmenden Licht. Du spürst, wie deine Lebendigkeit in dir wiedererwacht. Das, was sich in deinem Leben erfüllen soll, beginnt in dir heranzureifen und zu wachsen. Bald schon wirst du es gebären. Das ist das Wunder des Lebens.

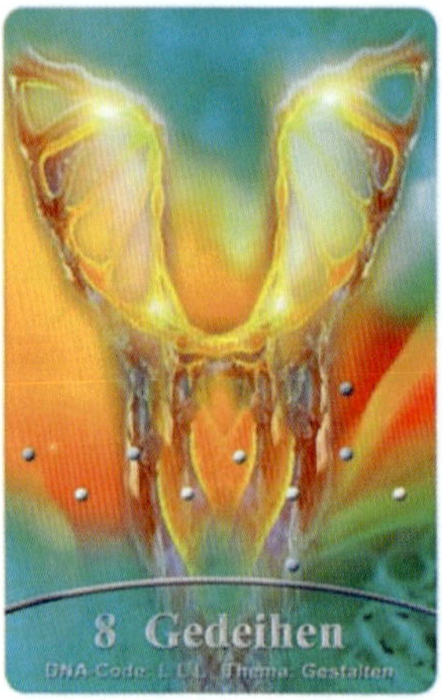

Das Spiegelbild: 8 Gedeihen

Der belebende Atem des ruhigen Sees streift über das umliegende Land und umgibt alles mit aromatischer Frische. Der Atem des Sees wandelt sich zu einer aufsteigenden Kraft, die allmählich sichtbar wird. Eine erwärmende Kraft ist dies, die mit ihrem inneren Licht das Wunder des Lebens und des Gedeihens in Gang setzt.

Das Leben nimmt den starken Startimpuls für das Gedeihen fraglos an. Das Gedeihen spiegelt sich in der Empfangsbereitschaft wider. Durch diese Kunst des erwartungsfreien Empfangens kann die frühlingshafte Kraft des Gedeihens in deinem eigenen Leben Einzug halten.

Der Weg: 29 die Wärme

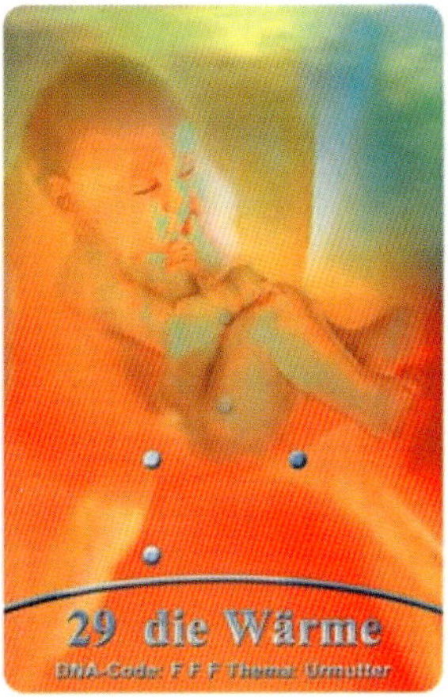

Gib dich dem Leben selbst hin und öffne dich für all das, was sich dir von selbst schenken will. Du wirst in Fülle empfangen und du wirst voller Dankbarkeit vielen Freude bereiten.
Durch deine Empfangsbereitschaft beginnt der natürliche Kreislauf des Lebens sich zu drehen. Das, was du auf diesem Weg erleben wirst, ist die nährende Wärme der Erdenmutter. Sie wird dich mit all dem versorgen, was du für dein Gedeihen brauchst. Sei das empfangsbereite Kind, das sich von seiner Mutter mit Liebe beschenken lässt.

31 Urfrau

DNA-Code:
W W E

Elemente:
Wasser, Wasser, Erde

Thema 12: das Wunder
Zur Ruhe gekommene Emotionen
lassen den See in klarem Licht erscheinen.
Von seinem türkisfarbenen Grund
steigt eine meisterliche Kraft empor.
Diese Kraft bringt alles zum Erblühen.
Das gesamte Land blüht auf und gedeiht.
In allem erstrahlt ein Leuchten
mit regenbogenfarbenem Glanz.
Das Wunder des Lebens nimmt seinen Lauf.

Deutung der Karte:
Du siehst die Mutter Erde in ihrem blauen atmosphärischen Kleid. Sie dreht sich tanzend um sich selbst und erwartet empfangsbereit ihren Geliebten. Der aus der Sonne Geborene erscheint mit seinem strahlenden Lichtkörper und das Liebesspiel beginnt. Mit sinnlicher Freude gibt sich die Erdenmutter hin und nimmt die fruchtbaren Lichtimpulse ihres Geliebten in sich auf.

Die Mutter Erde verwandelt ihre Gestalt und wird zur Urfrau. Aus dem Licht hat sie den Samen des Lebens empfangen, der nun in ihr

heranzuwachsen beginnt. Das Licht ihres Geliebten umkreist sie weiterhin mit behütender Achtsamkeit. Seine zärtlichen Berührungen erzeugen wärmende Spuren auf ihrem planetaren Körper. Das Wunder des Lebens geschieht mit all seiner erblühenden Kraft.
Nun wächst das neue Leben im Körper der Urfrau heran. Sie nährt den physischen Körper mit all ihrer Mutterliebe. Und sie webt den Lebensplan für jene Seele, die bald ihr reales Leben beginnen wird.

Dieses Wunder des Lebens gilt es zu verstehen, ehe es sich für dich vollziehen kann. Der Schlüssel dafür liegt in der Ausgewogenheit der polaren Kräfte. Die weibliche Empfangsbereitschaft und die männliche Impulskraft sind gänzlich konträr geartet. Doch gerade dadurch entsteht jener anziehende Magnetismus, mit dem der sinnliche Liebestanz beginnt.
Beide Kräfte, die weibliche wie die männliche, sollen sich ihrer Unterschiedlichkeit bewusst sein und ihre eigenen Wesenszüge so leben, wie sie naturgegeben sind. Daraus erwachsen die Attraktivität und der Liebestanz. Dieser Tanz vollzieht sich in kreisenden Bewegungen, in dem zeitweise der eine und dann wieder die andere die Führung übernehmen. Doch niemals wird einer den anderen zu beherrschen versuchen.
Bei jedem Versuch der Kontrolle, der Forderung oder der Reglementierung würde die Urfrau verblassen und das Wunder des Lebens seine Vollendung nicht finden. So wie die männliche Lichtgestalt ist auch die Urfrau gänzlich frei. Niemand ist dem anderen zu irgendetwas verpflichtet. Doch gerade deswegen wird alles möglich.

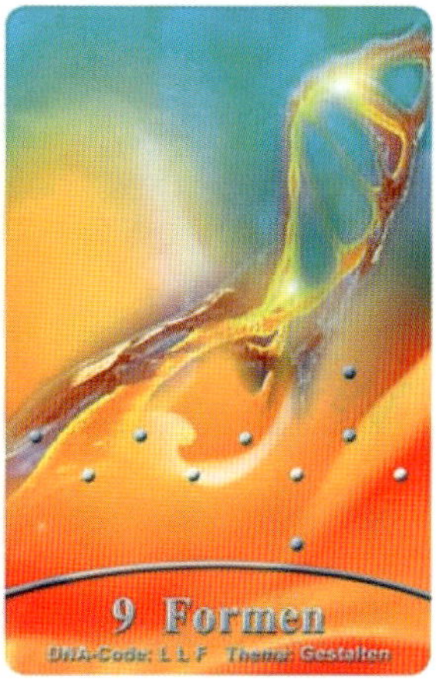

Das Spiegelbild: 9 Formen

Dort, im Bauch der Urfrau, wo das Leben entsteht, ist es dunkel. Gerade diese Dunkelheit aber erschafft jene nährende Geborgenheit, die das Ungeborene für seine Entwicklung benötigt. Erinnere dich selbst an diese wohli-

ge Dunkelheit, dann wirst du die Urfrau verstehen und dein angeborenes Urvertrauen wiederfinden.
Das Spiegelbild der Urfrau ist jene Gestalt, die in ihrem Inneren sich formt. In den Adern des Entstehenden pulsiert das Licht. Dieses Licht erinnert an die männliche Lichtgestalt, von der die Urfrau den Lebensimpuls empfangen hat.
Die Urfrau verkörpert die nährende Dunkelheit. Ihr Spiegelbild ist das impulsgebende Licht. Durch die gleichwertige Zuwendung an beide können in deinem Leben Wunder geschehen.

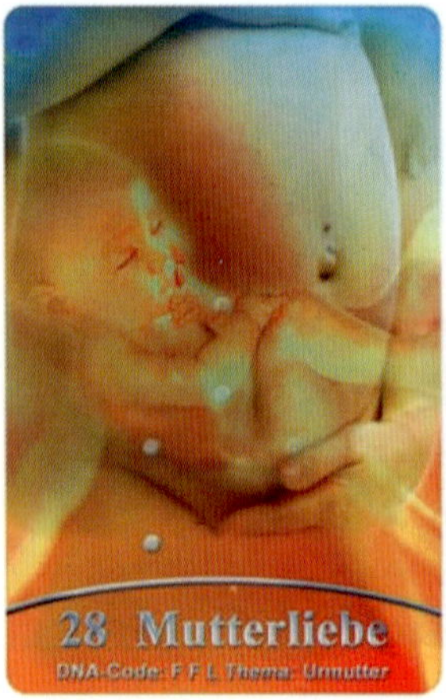

Der Weg: 28 Mutterliebe

Du verbindest dich mit der Urfrau, wenn du ihren Liebestanz mit dem Licht der Sonne beobachtest. Spüre diesen Liebestanz auch in dir selbst. Auch in dir leben diese beiden Kräfte, dunkel, tief und nährend die eine, impulsiv und leuchtend die andere. Beide gilt es zu lieben. Dann wird die Urfrau für dich sichtbar werden.
Sie wird dich auf all deinen Wegen begleiten. Sie ist die nährende Mutter, sie ist das Leben. All das, was du für dein Leben brauchst, gibt sie dir in deine Hände. Nimm es an!

32 Rückzug

DNA-Code:
W W L

Elemente:
Wasser, Wasser, Luft

Thema 13: Rückbesinnung
Still werdend leuchten die Feuer in den Innenräumen…
…und empfangen.
Das Licht kehrt zum Ursprung zurück
und nimmt auf, wird gewandelt, wird still.
Du gelangst zu einem Tor, das sich bereitwillig eröffnet.
Dahinter erschließt sich dir ein Raum, der du selber bist
und den du behutsam betrittst.

Deutung der Karte:

Du warst sehr aktiv, hast vieles getan und dir einiges erarbeitet. Auch wenn dir nicht alles gelungen ist, was du dir vorgenommen hattest, war dir doch der eine oder andere bemerkenswerte Erfolg vergönnt. Du warst es gewohnt, beständig aktiv zu sein. Doch plötzlich schien dir nichts mehr wirklich gelingen zu wollen. Obwohl du deine Anstrengungen vermehrt hattest, konntest du kaum mehr etwas zustande bringen.

Anstatt daran zu verzweifeln, erkennst du die Zeichen der Zeit. Du haltest inne und siehst, dass dich deine Reise in die Höhle des Eremiten führt. Das unruhige Feuer

der nach außen hin gerichteten Aktivitäten wird still und zieht sich zurück, nach innen hin.
Auch wenn du dies und das noch zu erledigen hättest, wagst du es, die Höhle des Eremiten zu betreten.

Deine eigenen Innenräume sind dies. An der Schwelle zum Höhleneingang schreckst du vor der Dunkelheit zurück. Doch obwohl du da drinnen nahezu gar nichts erkennen kannst, trittst du dennoch ein.
Stille und Dunkelheit umhüllen dich mit einer angenehm entspannenden Wärme.

Du verstehst allmählich, woraus diese Dunkelheit beschaffen ist. Deine eigenen Schatten sind es, die hier beheimatet sind. All das, was du an dir selbst nicht lieben und schätzen konntest, wohnt hier in diesem Höhlenraum. Auch all jene Eigenschaften und Unzulänglichkeiten, für die du dich schämtest, sowie all jene Kränkungen und Verletzungen, die du zu verdrängen suchst.
Das sind deine eigenen Schatten.
Das ist die Dunkelheit im Höhlenraum.

Und genau diesen Schatten begegnest du jetzt. Du berührst sie zum ersten Mal sanft und liebevoll. Du siehst sie dir an. Und siehe da! Der Höhlenraum erfüllt sich mit einem warmen Licht. Dieses Licht gibt den Schatten eine vorerst noch schemenhafte, aber dennoch sehr lebendige Gestalt.
Du umarmst deine eigenen Schatten. Und du erkennst, dass neue, frische Kräfte in dir erwachen.

Das Spiegelbild: 6 Empfindungen

Der Rückzug in den Höhlenraum des Eremiten spiegelt sich in den Empfindungen wider. Dort, im Innenraum wirst du selbst zur Träumenden, deren Blick in die Tiefe geht.

Die Träumende analysiert nichts mehr, sondern lässt ihren Gefühlen und Empfindungen freien Lauf. Sie spürt vor allem, dass dort in der Tiefe der Höhle eine Kraft verborgen liegt. Eine Urkraft, die im Herzen der Mutter Erde entspringt und von dir erlebt und gelebt werden will.

Der Weg: 27 Geborgenheit

Auf dem Weg des Rückzugs hast du dich in die höhlenartige Innenwelt des Eremiten begeben. Und genau dort, wo es dunkel ist und wo nur selten jemand hingelangt, genau dort hast du eine umfassende Geborgenheit erlebt.

Es ist diese nährende Urkraft der Mutter Erde, die dich mit dem Gefühl der Geborgenheit beschenkt. Dein Urvertrauen auf das Leben selbst wird dort, in den Innenräumen, genährt. Wenn du die Höhle wieder verlassen wirst, wird die Kraft des Urvertrauens in dir sein.

33 Wiederkehr

DNA-Code:
W W F

Elemente:
Wasser, Wasser, Feuer

Thema 13: Rückbesinnung
Still werdend leuchten die Feuer in den Innenräumen…
…und empfangen.
Das Licht kehrt zum Ursprung zurück
und nimmt auf, wird gewandelt, wird still.
Du gelangst zu einem Tor, das sich bereitwillig eröffnet.
Dahinter erschließt sich dir ein Raum, der du selber bist
und den du behutsam betrittst.

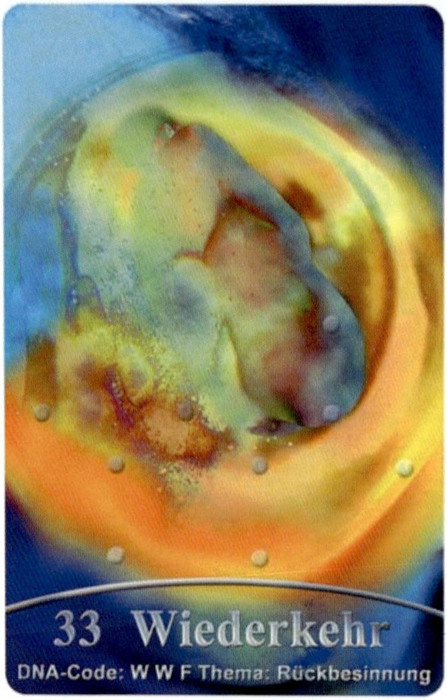

Deutung der Karte:
Ein Sinkprozess zeichnet sich ab. Ein Hinabsinken bis zu jenem Ursprungsort, an dem du geboren wurdest. Du empfindest es wahrscheinlich als Fallen, du erlebst die unausweichliche Vergänglichkeit.
Nun liegt es an dir, wie du damit umzugehen vermagst. Solange du dich dagegen zur Wehr zu setzen versuchst, wird dieses Hinabsinken schmerzhaft sein. Wenn es dir aber gelingt, dich diesem Fallen hinzugeben, wirst du Heilung erleben.

Kannst du in deiner jetzigen Lebenslage solch einen Prozess der Vergänglichkeit erkennen?

Wie gehst du damit um?
Wehrst du dich dagegen?
Oder gelingt es dir, das anzunehmen, was gerade geschieht?

Auch wenn es dir anders erscheinen mag, erlebst du doch gerade in diesem Moment das Mysterium des Lebens. Die Geburt, das Leben, der Tod und die Wiederkehr, das ist der Zyklus der Lebendigkeit. Besonders jetzt, wenn das Vergehen stattfindet, zeichnet sich deine kraftvolle Wiederkehr bereits ab.

Denn dort unten, im tiefsten Grund, wird der laufende Sinkprozess enden. Dort dreht sich die Bewegungsrichtung schließlich um. Denn dort hast du jenen Punkt erreicht, an dem deine Geburt und Wiederkehr eingeleitet wird.
Dieser Ort, an dem du vor deiner Wiedergeburt deine Lebenskräfte sammelst, umhüllt dich mit nährender Wärme und vor allem mit unendlicher Geborgenheit. Still ist es hier und vorerst noch dunkel. Doch dann erhellt ein feurig warmes Licht die dich umhüllende Gebärmutter.
Nun ist es soweit. Dein physischer Körper genauso wie dein Seelenkörper formen sich neu und nehmen eine allmählich deutlicher werdende Gestalt an. Alles um dich herum beginnt mit zunehmender Geschwindigkeit sich zu drehen. Bald schon wird es soweit sein. Dein gesamtes Wesen bereitet sich auf dein neues Leben vor.

Das Spiegelbild: 7 Sehnsucht

Unerfüllte und nicht gelebte Sehnsüchte haben den Sinkprozess eingeleitet. Die Sehnsüchte sind die Bilder der Seele. Sehnsüchte spiegeln den Seelenplan wider. Wird die Seele nicht gehört und kann der Seelenplan seine Erfüllung nicht finden, enden und vergehen jene Strukturen in deinem Leben, die dir und deinem Wesen nicht entsprechen.
Du sinkst dann dorthin hinab, wo du dich

selbst wiederfinden kannst. Dort im tiefsten Grund wird deine Wiederkehr vorbereitet. Und die Sehnsüchte, die du bislang nicht gelebt hast, werden mit dir neu geboren. Ein neuer Versuch zur Erfüllung deiner tatsächlichen Seelenwünsche wird gestartet.

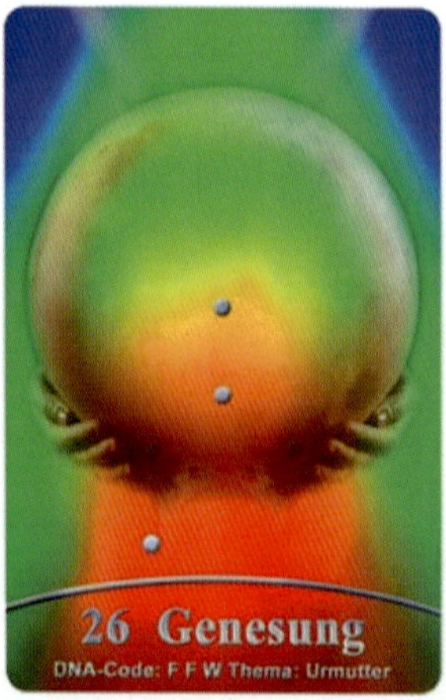

Der Weg: 26 Genesung

Der Weg der Wiederkehr ist deine Genesung im Bauch der Urmutter. Erst dann, wenn deine Wunden geheilt und deine Enttäuschungen überwunden sind, kannst du wiedergeboren werden.

Der Urgrund nimmt dich nährend und liebevoll behütend auf. Die Urmutter wiegt dich wärmend in ihrem Inneren. Wenn dann das Licht in ihr zu leuchten beginnt, ist die Zeit deiner Wiedergeburt gekommen. Dann hat sich der Weg deiner Genesung vollendet.

34 Freundschaft

DNA-Code:
W E W

Elemente:
Wasser, Erde, Wasser

Thema 5: Begeisterung
Der auffrischende Morgenwind fährt in die Glut.
Das Feuer erwacht, lodert auf
und löst die Nacht nun vollends auf.
Der Tag bricht an.
Was du bisher zu wissen geglaubt hattest,
lass es gehen, ehe es in dir verbrennt.
Denn dann inspiriert ein Funke erleuchtend deinen Geist
und erfüllt dich mit umarmendem Erkennen.

Deutung der Karte:

Die helle Gestalt erscheint zuerst. Du erkennst dich selbst darin und alles scheint in Ordnung zu sein. Doch der Raum bleibt leer, es fehlt an Lebendigkeit. Die helle Gestalt bleibt für sich allein und es fehlt ihr der Lebenssinn, obwohl alles in geordneten Bahnen abläuft und planmäßig funktioniert.
Da taucht zeitweise etwas anderes auf, ebenfalls ein Ebenbild deiner selbst, das jedoch dunkel ist. Gemäß deinen erlernten Programmen reagierst du darauf. Dieses dunkle Spiegelbild von dir selbst darf nicht sein. Du bezeichnest es als Verführung und verbannst es in den Untergrund.

Immer häufiger begegnet dir nun diese dunkle Gestalt und du beginnst sie zu bekämpfen. Du weißt ja genau, was sein darf und was nicht. Eltern, Lehrer, dein gesellschaftliches Umfeld und religiöse Glaubenssätze verbieten dir den Umgang mit dieser sinnlichen Verführung.
Doch dieser Kampf laugt dich aus. Deine Kräfte schwinden, bis du endlich innehaltest. Du wagst es, dieser dunklen Gestalt endlich in die Augen zu blicken. Und du erkennst in ihr deine eigene Lebendigkeit, die du bisher nicht gelebt hattest. Du bist damit an einem entscheidenden Wendepunkt deines Lebens angelangt.

Aus dem Kampf wird Freundschaft. Dein lichtes Selbst und dein dunkles Selbst begegnen einander auf Augenhöhe. Du beendest jede Wertung und du beendest jegliche Glaubenssätze in dir, die dich die Spaltung der Welt gelehrt haben. Die angeblich „gute“ und die angeblich „böse“ Welt werden eins.
Der Raum um dich herum erfüllt sich mit Lebendigkeit, mit erfüllenden Erfahrungen und mit Begeisterung. Durch deine wertfreie Offenheit begegnest du Menschen, mit denen du Dinge erlebst, von denen du bislang nur heimlich geträumt hast. Dein Leben macht plötzlich Sinn und du freust dich jeden Morgen auf den bevorstehenden Tag.
Deine Freundschaft mit dir selbst, mit allen Facetten deines eigenen Seins, ermöglicht dir das Erblühen und Gedeihen von Freundschaften mit anderen Menschen. Deine neu gewonnene Selbstliebe drückt sich in erfüllenden Liebeserfahrungen aus. Und du erlebst zudem eine Freundschaft mit der Mutter Erde, deren Schönheit du zu erkennen beginnst.

Das Spiegelbild: 12 der Weg

Sobald die Wertungen enden, endet die Spaltung der Welt. Damit enden jegliche Verurteilung und jegliche Bekämpfung eines anderen. Das, was lichtvoll und von oben kommt, hat denselben Wert wie all das, was aus der dunklen Tiefe entspringt.

Damit beginnt dein eigentlicher Weg, auf dem endlich jene Begegnungen stattfinden können, die seit jeher in deinem Seelenplan angelegt waren. Es begegnet dein mentaler Geist in befruchtender Weise deiner emotionalen Intuition. Und du begegnest jenen bestimmten Menschen, die dein Leben mit Erfahrungen bereichern werden.

Der Weg: 25 die Gabe

Aus den hohen Sphären erreicht dich ein lichtvoller Impuls. Du befindest dich auf dem Weg der Freundschaft und verstehst daher, wie du mit diesem Licht umgehen solltest. Du behaltest es nicht für dich, sondern gibst es weiter. Du gibst es deinen Freunden und dem Leben hin. Offenen Herzens geschieht diese Hingabe, aus freien Stücken, ohne Erwartungen, frei von Verpflichtungen.

Du bringst das empfangene Licht, die erhaltene Inspiration zur Erde. Du verwirklichst das, was dir als Möglichkeiten in die Hände gegeben wurde. Denn auf diesem Wege wird das, was du aus dem Geistigen empfangen hast, zur Gabe.

35 Verbundenheit

DNA-Code:
W E E

Elemente:
Wasser, Erde, Erde

Thema 5: Begeisterung
Der auffrischende Morgenwind fährt in die Glut.
Das Feuer erwacht, lodert auf
und löst die Nacht nun vollends auf.
Der Tag bricht an.
Was du bisher zu wissen geglaubt hattest,
lass es gehen, ehe es in dir verbrennt.
Denn dann inspiriert ein Funke erleuchtend deinen Geist
und erfüllt dich mit umarmendem Erkennen.

Deutung der Karte:
Es kam unerwartet. Die Grenzen lösten sich auf und es gab keinen Unterschied mehr zwischen innen und außen. Dein Geist war eins mit der blauen Atmosphäre der Erdenmutter und in deiner Seele erklangen ihre Lieder. Diese grenzenlose Verbundenheit von dir mit Mutter Erde beglückte dein gesamtes Wesen.

Das, was du hier erlebtest, war eine unendliche Geborgenheit und ein freier Flug. Fraglos war dein Vertrauen in die Prozesse des Lebens. Doch da war noch etwas anderes, da mischten sich in die Lieder der Erdenmutter dissonante

Töne. Diese harmonische Symphonie des Lebens wurde da und dort immer wieder von Störgeräuschen überlagert.

Zwiespältig waren deine Gefühle und Gedanken. Einerseits war alles gut so, wie es war. Andererseits aber drängte so Vieles nach aktiver Veränderung. Woher kamen diese Spannungsfelder und welchen Sinn hatten sie?
Waren sie ein Fehler im System?
Oder waren sie Teil eines Prozesses, ein notwendiger Störfaktor, um eine anstehende Entwicklung voranzutreiben?

Du hörst tiefer hinein in das Lied der Mutter Erde. Sie erzählt dir vom großen Evolutionsgeschehen, das seit jeher im Gange ist. Sie erzählt es dir in ihrer Sprache, die du nur jetzt in diesem Zustand der grenzenlosen Verbundenheit verstehen kannst. Und allmählich erahnst du, dass sich alles, du selbst, dein Umfeld, das gesamte Weltgeschehen in einem großen Übergangsszenario befindet. So, wie es jetzt ist, kann es nicht bleiben. Die große Urkraft der Evolution verlangt nach dem nächsten bedeutsamen Schritt.

Du verstehst allmählich auch etwas anderes: Jeder Störfaktor, jedes Spannungsfeld, das du in deinem Leben gerade erlebst, sind im Grunde Impulse und Anregungsmuster. Impulse für einen Entwicklungsprozess, der in dir stattfinden soll und der ein wesentlicher Teil für den kollektiven Evolutionsprozess sein will.

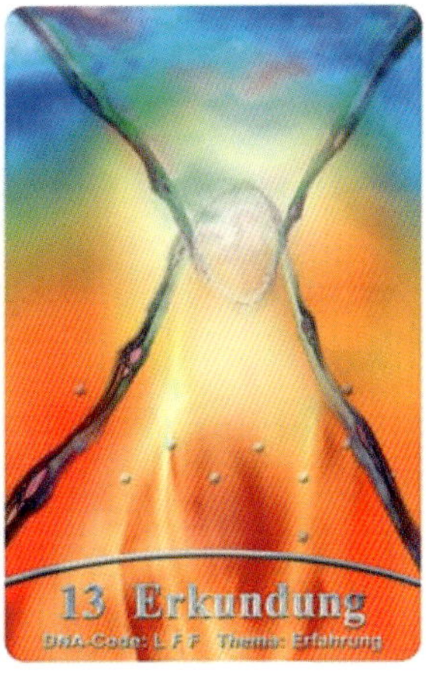

Das Spiegelbild: 13 Erkundung

Aufsteigende und herabsinkende Kräfte sind gänzlich unterschiedlich geartet. Während von oben das schnelle Licht einfällt, erklingen unten im Urgrund tiefe Töne. Solch polare Kräfte scheinen einander zu widersprechen. In deiner Verbundenheit mit der Mutter Erde hast du solch gegensätzliche Energiemuster erlebt. Da war diese unendliche Geborgen-

heit einerseits und die spannungsgeladenen Dissonanzen andererseits.
Dein Geist erkundet dieses Phänomen der Gegensätze. Und du erlebst dabei etwas Entscheidendes. In dem Moment nämlich, in dem du beides so akzeptierst, wie es ist, in diesem Augenblick berühren sich die Polaritäten. Es kommt zu einer elektrischen Entladung, einem Blitzgewitter gleich, das dem gesamten Geschehen eine belebende Dynamik verleiht.

Der Weg: 24 Aufrichtung

Auf dem Weg der Verbundenheit mit der Erdenmutter erhebt sich dein Geist. Du wirst eins mit der planetaren Atmosphäre und all ihren mentalen Kräften. Du spürst die Vibrationen im großen kollektiven Feld.
Gleichzeitig sinkt dein Geist hinab und taucht in eine Tiefe ein. Die Vibrationen, die du in hohen Höhen erlebt hast, bringst du hinab zum Erdengrund. Du verbindest so den Himmel mit der Erde. Es begegnen sich die hohen und die tiefen Kräfte. Du erkennst,
dass das Oben und das Unten, das Helle und das Dunkel denselben Wert haben und aus demselben Stoff gemacht sind.
Erst dieses wertfreie Verstehen gibt deinem Erlebnis der Verbundenheit einen bedeutsamen Sinn.

36 Lebendigkeit

DNA-Code:
W E L

Elemente:
Wasser, Erde, Luft

Thema 5: Begeisterung
Der auffrischende Morgenwind fährt in die Glut.
Das Feuer erwacht, lodert auf
und löst die Nacht nun vollends auf.
Der Tag bricht an.
Was du bisher zu wissen geglaubt hattest,
lass es gehen, ehe es in dir verbrennt.
Denn dann inspiriert ein Funke erleuchtend deinen Geist
und erfüllt dich mit umarmendem Erkennen.

Deutung der Karte:

Du siehst die Mutter Erde in ihrem blauen planetaren Kleid. Du siehst sie nicht nur, sondern spürst sie in dir. Sogar ihre planetare Drehung, mit der sie sich durch den kosmischen Raum bewegt, nimmst du wahr.
Dann siehst du aber auch jene Spannungsfelder, die sich über ihren gesamten Körper ziehen. Es ist der Mensch, der diese Spannungsfelder erschafft. Und es bedrückt dich in diesem Moment, dass du selber ein Mensch bist.

Das Bild der Erdenmutter wandelt sich und färbt sich in vielfältige Grüntöne. Du hörst ein Lied,

einen vielstimmigen Gesang, der aus ihrem Inneren kommt. Die Frequenzen des Grüns und jene ihres Liedes sind eins. Sie berühren dich auf sonderbare Weise und beruhigen dich. Sie heilen in diesem Moment die Wunden deiner Seele.
Und mehr noch, sie beleben dich auf erfrischende Weise. Du spürst förmlich, wie Mutter Erde dich mit ihrer Geborgenheit umarmt. Du erinnerst dich an jenes grundlegende Urvertrauen, das dir den Lebensmut gibt. Eine Lebendigkeit nimmt Raum in dir, sie erfüllt dich mit jener Urkraft, die von der Erdenmutter dir jederzeit gegeben wird.

Diese stille Lebendigkeit begeistert dich. Du erlebst, wie die vielfältig grünen Frequenzmuster deine Innenräume erfüllen. Das Lied der Erdenmutter ertönt jetzt in dir, du bist eins damit geworden.

Doch nach der Phase der heilsamen Beruhigung werden auch deine eigenen Seelenmuster sichtbar. Das, was du an Spannungsfeldern um den Erdball herum gesehen hattest, das erkennst du nun auch in dir selbst. Es ist kein angenehmer Zustand, diese ungereimten Spannungen in dir selbst zu erkennen. Doch es wird damit ein Prozess der Heilung und ein Weg der Kraft in dir in Gang gesetzt.
Lass dich darauf ein, auf all das, was du jetzt in dir erlebst. Die Mutter Erde mit ihrem grünen Lied will dich erneuern und auf umfassende Weise neu beleben. Du sollst so zu einem Menschen werden, der für das Leben auf diesem Planeten von tragender Bedeutung sein wird.

Das Spiegelbild: 10 Umbruch

Zwei Kräfte überkreuzen sich. Du erkennst sie in jenem Spiegelbild, das durch die belebenden Lieder der Erdenmutter erzeugt wurde.
Das heilsame Grün überkreuzt sich mit den spannungsgeladenen Ungereimtheiten dei-

nes Lebens. Beide Kräfte wirken jetzt gleichzeitig auf dich ein. Es ist jetzt die Zeit des Handelns gekommen. Nutze diese Überkreuzungen als motivierende Impulse, um den Umbruch zu wagen. Jenen Umbruch vor allem, der dich befreien und auf eine neue Ebene der Kraft heben will.

Der Weg: 23 Kraft

Die Belebung durch die grünen Lieder der Erdenmutter hat viele Facetten, beruhigende, heilsame genauso wie aufwühlende. Beide sind ganz wesentliche Elemente für deinen Weg der Kraft, der damit begonnen hat.
Das Ziel dieses Weges bist du selbst. Du als jener Mensch, der sein gänzliches kraftvolles Potential erkennt und nutzen kann. Du bringst damit ein Licht in die Welt, das von tragender Bedeutung für den Menschen und für dessen Evolutionsprozess sein wird.

37 Erfolg

DNA-Code:
W E F

Elemente:
Wasser, Erde, Feuer

Thema 5: Begeisterung
Der auffrischende Morgenwind fährt in die Glut.
Das Feuer erwacht, lodert auf
und löst die Nacht nun vollends auf.
Der Tag bricht an.
Was du bisher zu wissen geglaubt hattest,
lass es gehen, ehe es in dir verbrennt.
Denn dann inspiriert ein Funke erleuchtend deinen Geist
und erfüllt dich mit umarmendem Erkennen.

Deutung der Karte:
Es begann mit einem spontanen Aufleuchten in deinem Geist. Plötzlich war sie da, diese Idee, die dich begeisterte. Wie ein neuer Stern am Firmament strahlte sie seit diesem Moment in deinen Vorstellungen und Träumen und lies dich nicht mehr los.
Doch dann kamen die Zweifel. Eigentlich hattest du alles anders geplant und das entsprach nicht wirklich dem, was du dir vorgenommen hattest. Es widersprach vor allem dem, was man von dir erwartete und was dieser und jener von dir verlangte. Du versuchtest dieses „Hirngespinst", wie du es bald zu nennen pflegtest, zu vergessen.

Doch solch ein Stern verglüht nicht so schnell. Er wird vielmehr intensiver und zieht immer deutlicher deine Aufmerksamkeit auf sich, besonders dann, wenn diese Idee deinem eigenen Seelengrund entsprang.

Die Zeit der Entscheidung ist jetzt gekommen. Diese Idee, die dich in deinem ganzen Wesen begeistert, wird dich nicht mehr verlassen. Sie drängt danach, verwirklicht zu werden. Sie will reale Form annehmen, sie will von dir gestaltet und materiell sichtbar gemacht werden. Auch wenn sie vorgegebenen Konventionen widerspricht, ist sie doch der Schlüssel zum Erfolg.

Ja, du wolltest erfolgreich sein.
Doch was ist das, Erfolg?
Wie fließt dir all das zu, wonach du dich sehnst, was du dir wünschst?
Genau das liegt jetzt in deinen Händen, an deinem konkreten, kreativem Tun. Es wäre nicht ratsam, auf den erwünschten Erfolg zu warten, denn von selbst stellt er sich nicht ein. Es geht vielmehr um gezielte Aktivitäten, verbunden mit Fleiß und Einsatz deines gesamten Wesens. Erinnere dich dabei immer wieder mal an jene Begeisterung, die diese Idee in dir ausgelöst hatte. Denn diese Begeisterung wird dich leiten und beflügeln. Auch dann, wenn dir anfangs das eine oder andere misslingen sollte.
Der Himmel wird sich öffnen und dir den Pokal des lebendigen Erfolges in die Hände geben.

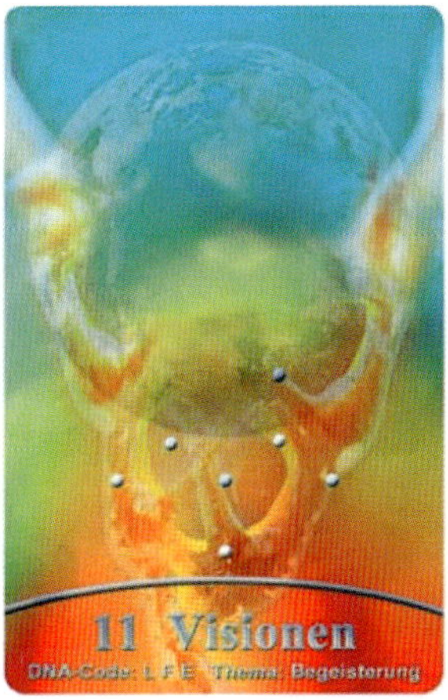

Das Spiegelbild: 11 Visionen

Der Erfolg ist die zu Wirklichkeit gewordene reale Form einer Vision. Beide spiegeln sich aneinander, der eine kann ohne den anderen nicht sein. Die reine Vision verliert sich im Nirgendwo, wenn sie nicht zur Verwirklichung gelangt. Genauso bleibt ein nachhaltiger Erfolg aus, wenn dein kreatives Tun nicht von einer großen Vision belebt wird. Erinnere dich daher von Zeit zu Zeit immer wieder einmal an jene visionären Bilder und an jene grundlegenden Ideen, die dich auf deinen Weg gebracht haben. Sie sind die verheißungsvollen Kräfte, die deine Werke beseelen.

Der Weg: 22 Erkennen

Auf deinem Weg, der dich erfolgreich machen will, begleitet dich ein Licht. In deinem Seelengrund wurde dieses Licht geboren und strahlt seitdem als neuer Stern über dir. Erkenne, dass dieses Licht dein Wegweiser sein will und dir die Orientierung gibt. Erinnere dich besonders dann an dieses Licht, wenn es darum geht, schwierige Entscheidungen zu treffen.

Erkenne aber auch, was dieses Licht dir immer wieder zeigen wird. Der Erfolg, der dir durch deine Arbeit und durch deine Kreativität zuteilwird, gehört nicht dir alleine. Er ist Teil eines größeren Plans, an dem alle in deinem Umfeld teilhaben werden.

38 Klarheit

DNA-Code:
W L W

Elemente:
Wasser, Luft, Wasser

Thema 14: stiller Raum
Ein weiter, unendlich freier Raum liegt über allem.
Erstaunte Stille im wertfreien Raum.
Damit bereichere ich deinen Geist,
entbinde dich aus allem
und führe dich dorthin zurück,
wo du bereits seit jeher warst!

Deutung der Karte:
Ein volles Gefäß kann nichts mehr in sich aufnehmen. In einem vollen Raum kann nichts entstehen. Und ein Geist, der alles zu wissen meint, kann nichts mehr erkennen. Es ist an der Zeit, die Stille des leeren und wertfreien Raumes zu betreten.

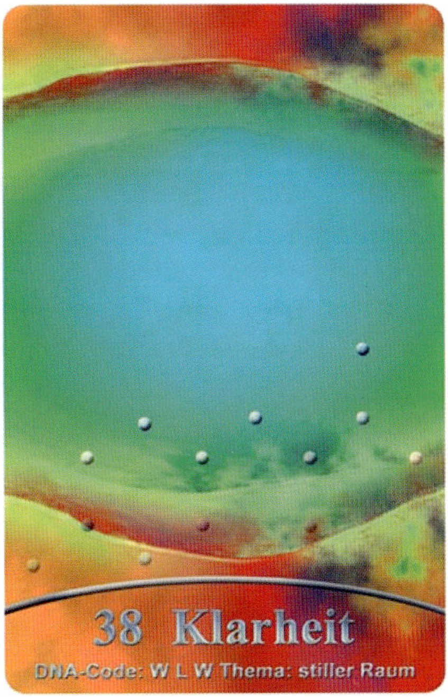

All das, was du zu wissen meinst, sind Konzepte. Sie können dir dienlich sein, um in deinem Leben zurecht zu kommen, um Entscheidungen zu treffen, um einen Weg zu gehen. Doch ob dieser Weg, den du gehst, tatsächlich der deine ist, bleibt fraglich. Die erlernten Konzepte werden es dir zwar suggerieren, ohne es aber wirklich in einer wertfreien Klarheit sagen zu können.

Die Klarheit erklärt dir nicht, wie die Welt beschaffen ist. Sie sagt dir nicht, was wahr oder falsch wäre. Die Klarheit sagt gar nichts, sie schweigt wie ein stiller See, auf dessen spiegelnder Oberfläche sich gerade gar nichts bewegt.
Klarheit, das ist eine weite, wertfreie Stille.

Wagst du es, diesen wertfreien Raum zu betreten?
Hast du den Mut, dich von all deinem Wissen loszulösen?
Dein Wissen besteht aus Konzepten und Modellen, mit denen du deine Welt beschreibst. Doch sie sind nicht die Welt. Und du bist nicht das, was du weißt.

Schau auf den stillen See. In seinem ruhigen Wasser spiegelt sich die Welt. Er kommentiert sie nicht, sondern lässt sie genauso sein, wie sie ist.
Lasse deinen Geist zu diesem See werden.
Das, was du denkst, das bist nicht du. Gedanken sind Werkzeuge, die zwar nützlich sein können, jetzt aber zur Ruhe kommen sollen.
Schau sie an, deine Gedanken. Betrachte sie wie einen Radio, den du jetzt abdrehst.
Dann entsteht ein magischer Moment. Ein völliger Freiraum, in dem etwas anderes zu sprechen beginnt. Zu sprechen in einer Sprache, die du nicht übersetzen kannst, die dir aber unendlich vertraut erscheint. Jetzt bist du angekommen, heimgekehrt. Und du fragst dich, woher diese vertraute Wärme kommt, die dich soeben umhüllt.

Das Spiegelbild: 61 Heimkehr

Das, was in der Klarheit sich widerspiegelt, ist die Heimkehr. Es ist das Ankommen im Schoß der Mutter Erde. Es ist die Rückkehr

an jenen Ort, an dem alles beginnt, alles endet und alles wiedergeboren wird. Im Zustand der wertfreien Klarheit bist du das Kind, das Menschenkind der Erdenmutter.
Hier bedarf es keiner Konzepte, keines Wissens mehr. Denn sie, die Mutter Erde, kennt den Lauf der Dinge. Sie kennt deinen Seelenplan und sie kennt deinen Platz im großen Entwicklungsplan des Lebens.

Der Weg: 21 Erschaffen

Auf deinem Weg der stillen Klarheit bist du in den Schoß der Mutter Erde heimgekehrt. Sobald du aufhörst, dein vermeintliches Wissen als Wirklichkeit zu deklarieren, wird ein Wunder sich vollziehen. Denn dann entsteht jener freie Raum, in dem das tatsächliche Leben sich verwirklichen kann. Der Urcode öffnet sich und erschafft genau das, was hier und jetzt Bedeutung hat.
Durch deine konzeptfreie und wertfreie Klarheit wirst du zum Erschaffer. Nicht durch aktives Tun, sondern durch einen gänzlichen Einklang mit den stillen und kraftvollen Liedern der Mutter Erde.

39 der See

DNA-Code:
W L E

Elemente:
Wasser, Luft, Erde

Thema 14: stiller Raum
Ein weiter, unendlich freier Raum liegt über allem.
Erstaunte Stille im wertfreien Raum.
Damit bereichere ich deinen Geist,
entbinde dich aus allem
und führe dich dorthin zurück,
wo du bereits seit jeher warst!

Deutung der Karte:
Über dem stillen See erhebt sich der Mond. Sein Licht belebt das ruhige Wasser. Die unsichtbare Welt wird atmosphärisch spürbar und inspiriert deinen Geist.
Das ebene Land, das den See umschließt, beginnt auf sanfte Weise mit einem farbenfrohen Leuchten. Dem Aussehen nach ist dies kein dir vertrautes Land. Denn du siehst hier nicht die Realität an sich, dafür aber jene Frequenzen und Kräfte, welche die Realitäten erschaffen.

Durch das sanfte Licht des Mondes verfließen die Konturen der realen Wirklichkeit. Es verfließen auch jene Grenzen, die wir für gewöhnlich zwischen Licht und Dun-

kelheit gezogen haben.
Das herkömmliche System der Bewertungen verliert dadurch seine Bedeutsamkeit. Anstelle der dualen Welt, die stets zwischen einem fiktiven „Gut und Böse“ unterscheidet, eröffnet sich dir ein wertfreier Raum. Ein freier Raum ist das, der deine Wahrnehmung nicht nur verändert, sondern deutlich erweitert.

Es bedarf deines Mutes, um diesen stillen Raum zu betreten und zu durchwandern. Doch deine Seelenkräfte sehnen sich nach diesem Ort. Die größte Herausforderung auf dem Weg durch dieses Land besteht darin, die Strukturformen des bislang Bekannten zu verlassen. Vor allem für den logischen Verstand wird dies eine Mutprobe sein, da er in dieser unbekannten Welt die Kontrolle über das Geschehen verliert.

Der aufgehende Mond berührt hingegen deinen Emotionalkörper und verstärkt deine intuitive Art der Wahrnehmung. Du wirst einen neuen Einblick in die transzendenten Welten erhalten. Lass dich überraschen und achte vor allem auf eines: auf die wertfreie innere Haltung all jenem gegenüber, was du hier sehen und erleben wirst. Selbst wenn dein eigener Schatten dir hier begegnen wird, umarme ihn. Du wirst ihn dadurch durchlichten.

Das Spiegelbild: 1 Erneuerung

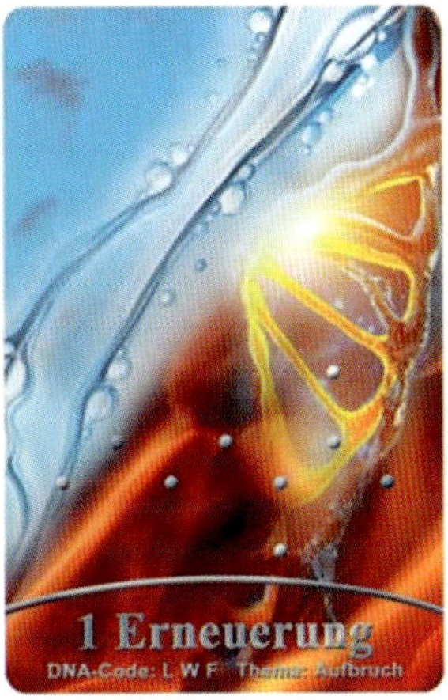

Der Aufbruch mit der Karte „1, Erneuerung“ ist das komplementäre Spiegelbild. Das erinnert dich daran, dass der nötige Mut dir innewohnt, den du in diesem wertfreien Raum benötigen wirst.
Der kontrollierende Verstand darf und soll zeitweise seine Vorherrschaft verlieren, damit sich dein Leben erneuern kann. Die Erneuerung bringt Lebendigkeit und die Lebendigkeit bringt dir jenes Selbstvertrauen, mit dem dir ein erfolgreiches und kreatives Gestalten gelingen wird.

Der Weg: 20 Vertrauen

Ein Lichtimpuls hat die Mutter Erde erreicht. Sie reagiert darauf mit einem warmen Leuchten. In ihr hat sich der Urcode des Lebens aktiviert. Etwas Neues wird entstehen und gedeihen.

Unerwartete Impulse erschaffen Situationen, die dein Verstand vorerst nur schwer zuordnen kann. Du kannst aber darauf vertrauen, dass du behütet bist. Unsichtbare, aber starke Kräfte umhüllen und begleiten dich. Von wärmender Geborgenheit bist du umgeben.

40 Vereinigung

DNA-Code:
W F W

Elemente:
Wasser, Feuer, Wasser

Thema 15: Liebesfindung
Du blickst aufs Meer hinaus, für lange Zeit, Tag und Nacht.
Im Wandel der Gezeiten erkennst du
den unverlässlichen Wandel der Emotionen.
Dann blickst du tiefer und erkennst den Grund.
Und du begreifst, dass Liebe niemals fordert,
niemals erwartet, niemals besitzt
sondern freigibt und sich hingibt, jederzeit.

Deutung der Karte:

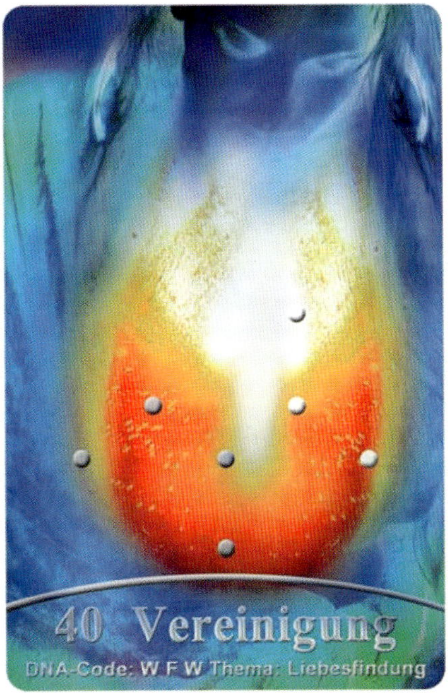

Auf dem Weg der Liebesfindung bewegst du dich. Deine Sehnsucht nach Liebe brennt in dir. Du suchst nach der „wahren Liebe“ und erlebst die Berg- und Talfahrten deiner Gefühle und Emotionen. An der Liebe selbst beginnst du zu zweifeln, als du das, wonach du suchst, nicht zu finden vermagst. Auf dem Weg der Liebesfindung verlierst du allmählich die Orientierung.

Doch dann verändert sich etwas in dir. Deine Ausrichtung wandelt sich, vor allem deine Haltung zu dir selbst. Du haltest inne und dein Blick neigt sich nach innen hin. Dein feurig pulsierendes Herz nimmst du dort wahr. Und du erkennst, wie sich hier, in deinem Herzen, das Licht mit der Dunkelheit vereinigt.

Die Vereinigung des Lichtes mit der Dunkelheit?
Wolltest du nicht immer das Gute in dir hervorkehren und das Schlechte verschleiern und verdecken?
War da nicht immer wieder diese Scham in dir, die dir erklärt hatte, dass dies und das mit dir nicht stimmt?

Doch das Verschleiern und Verdrängen funktioniert nicht mehr. Zu hell und zu feurig lodert dein Herz in dir und leuchtet alles aus. Auch das, was du bislang zu verbergen versucht hattest. All das, was im Schatten der Scham verdunkelt worden war.

Dein lodernd liebendes Herz unterscheidet nicht mehr. Eine Trennung des angeblich Guten vom angeblich Schlechten kennt es nicht. Es durchflutet mit wärmendem Pulsieren all das, was in dir ist und was du tatsächlich bist.
Und siehe da! Genau das, wofür du dich bislang geschämt hattest, entpuppt sich als nährende Kraft. Eine allumfassende Befreiung vollzieht sich in dir. Jetzt endlich kannst du genauso sein, wie du bist. Du musst nicht mehr vorgeben, jemand anderer zu sein. Du hast es nicht mehr nötig, dich so oder so zu geben. Du lebst jetzt endlich dein wahres Sein. Denn du hast die Liebe zu dir selbst gefunden.

Das Spiegelbild: 4 Orientierung

Wenn du nicht mehr unterscheidest, was du von dir zeigen darfst und was nicht, wenn du mit deiner Liebe das Licht und die Dunkelheit in dir vereinigst, hast du die Orientierung für deinen Lebensweg gefunden.
Dein tatsächlicher Seelenweg führt dich zur strahlenden Mitte der Mutter Erde hin. Ihre Stimme ist es, die dir von der Selbstliebe erzählt. Ihr pulsierendes Herz schlägt im Ein-

klang mit deinem liebenden Herzen. Sie nimmt dich in ihre Arme, wie eine liebende Mutter.
Wenn dein Leben Entscheidungen von dir fordert, wirst du wissen, was du tun kannst. Denn die Stimme der Mutter Erde und das Pulsieren deines Herzens werden dir den Weg zeigen.

Der Weg: 17 Sinnlichkeit

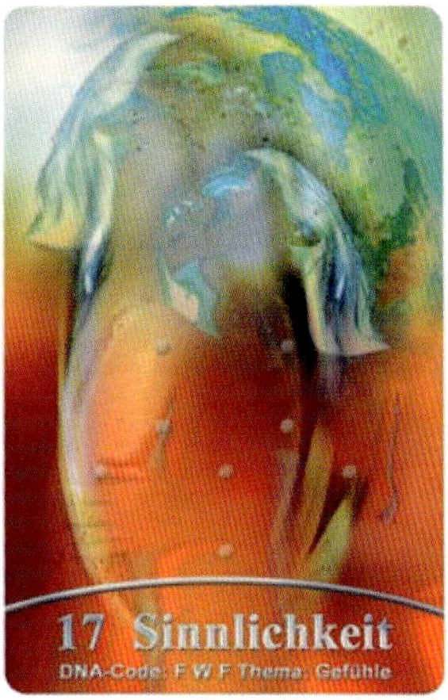

Wenn du in deine Tiefe hinabsteigst und dort das Feuer der Liebeskraft in dir erkundest, wirst du jedenfalls auch dem Feuer der Sinnlichkeit begegnen. Dieses Feuer der Lust lodert seit jeher in dir. Es ist das größte Geschenk der Mutter Erde an den Menschen und das größte Geschenk des Lebens an dich. Schau dir dieses Feuer mit offenem Herzen an und lass dich davon erfüllen und begeistern.
Die befreite Sinnlichkeit vereinigt dich mit dir selbst. Vor allem mit deinem erneuerten Körpergefühl, das aus dir selbst heraus entsteht. Durch das Feuer der Lust wirst du aus dir selbst heraus neu geboren.

41 das Portal

DNA-Code:
W F E

Elemente:
Wasser, Feuer, Erde

Thema 15: Liebesfindung
Du blickst aufs Meer hinaus, für lange Zeit, Tag und Nacht.
Im Wandel der Gezeiten erkennst du
den unverlässlichen Wandel der Emotionen.
Dann blickst du tiefer und erkennst den Grund.
Und du begreifst, dass Liebe niemals fordert,
niemals erwartet, niemals besitzt
sondern freigibt und sich hingibt, jederzeit.

Deutung der Karte:

Du hast so etwas noch nie zuvor gesehen. Wie ein riesiges Auge erscheint vor dir eine kreisrunde Gestalt. Das Innere dieses Auges bewegt sich in unruhiger Weise, wie die Gischt riesiger Wellen, die an eine Küste branden. Der Raum um dich herum löst sich in einem sonderbaren Farbenspiel mehr und mehr auf. Alles wandelt sich, nichts bleibt so, wie es war. Was geschieht hier mit dir und um dich herum?

Du horchst in dich hinein.
Eine Sehnsucht erwacht in dir. Ja, du kennst sie, diese Sehnsucht nach Liebe, doch sie trifft dich jetzt überraschend. Du dachtest,

dass du sie bereits überwunden hättest. Du hast dich arrangiert mit all dem, was ist und was eben nicht ist. Doch da ist sie jetzt wieder, diese Ursehnsucht in dir.

Die augenförmige Gestalt vor dir pulsiert weiter, wird unruhiger und aufwühlender. Du horchst in dich hinein und beginnst zu begreifen, was dieses Auge wirklich ist. Ein Portal ist es, ein kreisrundes Tor, hinter dem sich etwas befindet, das du nicht erkennen kannst. Irgendetwas in dir sagt, dass du da hindurchgehen solltest.
Hindurchgehen? Nein, eher hineinspringen, dich hineinziehen und fallen lassen, hindurchtauchen wie durch einen Geburtskanal. Und das, ohne zu wissen, was dahinter sich befindet?
Hast du den Mut dazu?
Wagst du es, auf die Liebe dich einzulassen, ohne irgendwelche Garantien in der Hand zu haben?
Wirst du dich selbst dann ebenso auflösen, wie der Raum um dich herum?
Wirst du dich selbst in der Liebe verlieren.

Nein, niemals? Die Sehnsucht in dir drängt dich aber dazu, genau das zu tun. Die Liebe ist das unberechenbare Portal, das sich vor dir aufgetan hat. Erwarte nicht das eine oder das andere, aber wage den Sprung. Das, was hinter dem Portal auf dich wartet, wird dich aufwühlen, dich begeistern, dich beleben und dich erfüllen.

Das Spiegelbild: 5 Ausrichtung

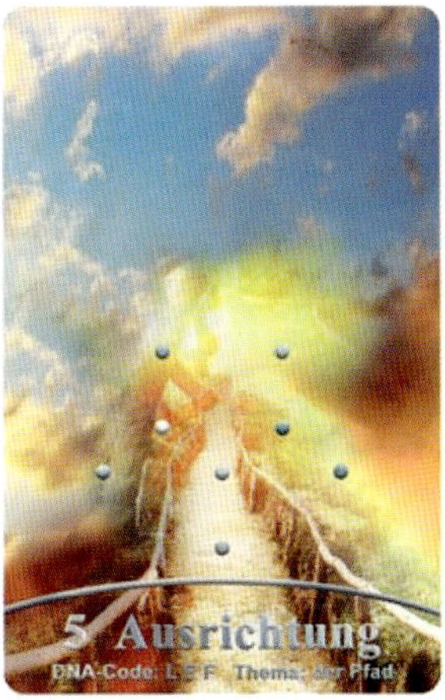

Das Portal spiegelt sich an der Ausrichtung. Das ist die Ausrichtung deines Seelenweges auf all das, was in dir seit jeher angelegt war. Du bist mit jenen Sehnsüchten ausgestattet, die dich an genau das erinnern wollen, was von dir gelebt und erlebt werden will.
Der Weg deiner Seele verlässt den sicheren Boden. Dennoch bleibt er stabil und selbstbewusst. Wohin er dich führt kannst du in der Ferne im Moment nur schemenhaft erken-

nen. Es ist aber ein warmes Licht, das dich offenherzig aufnehmen will.

Der Weg: 16 Entfesselung

Sobald du die Schwelle des Portals überschritten hast, wirst du Kräften von dir selbst begegnen, die du bisher noch nicht gekannt hast. Um diese Seelenkräfte von dir geht es jetzt. Sie waren immer da, du hast das eine oder andere Mal sie erahnt oder von ihnen geträumt. Doch bisher hattest du sie noch nicht entfaltet, da sie gebunden waren.

Nun ist es an der Zeit, sie endlich zu entfesseln und zu befreien. Das kann anfangs vehement und unerwartet geschehen. Doch vertraue auf sie, bewerte sie nicht, sondern nimm sie an. Sie sind das Geschenk deiner Seele, das Geschenk deines Lebens.

42 Alchemie

DNA-Code:
W F F

Elemente:
Wasser, Feuer, Feuer

Thema 16: zusammenfügen
In tausendfach funkelndem Glitzern vereint sich
Wasser und Licht
zu einem sinnlich schillernden Gewebe.
Indem Wasser und Feuer sich einander gänzlich hingeben
und deren Liebe keine Grenzen mehr kennt,
vereine ich das,
was als unvereinbar bislang galt.

Deutung der Karte:
Die Alchemistin vollbringt das Kunstwerk des Zusammenfügens. Sie vereinigt jene Kräfte und Gegebenheiten, die bislang als unvereinbar gegolten hatten. Sie vereinigt das Licht mit der Dunkelheit und löst somit die Grenzen zwischen dem angeblich „Guten“ und dem angeblich „Schlechten“ gänzlich auf. Dies gelingt ihr dadurch, dass sie sich dem Prozess des Verbindens und Verwebens gänzlich hingibt. Sie nimmt sich selbst nicht mehr wichtig und findet dadurch ganz zu sich selbst.

Gibt es in deiner aktuellen Situation Dinge oder Umstände, die sich angeblich nicht vereinen lassen?

Findest du für eine Herausforderung keine Lösung?
Glaubst du, entweder das Eine oder das Andere tun zu müssen? Die Alchemistin kennt kein „entweder oder“, sie pflegt nur das „sowohl als auch“.

Sieh, was geschieht, wenn beides miteinander vereint wird!
In den Händen der Alchemistin entsteht ein neues, schillerndes Gewebe. Ihre eigenen Hände werden Teil dieses neu entstehenden Gebildes, da sie selbst Teil des Ganzen geworden ist. Das, was geschieht, wenn sich Widersprüchliches miteinander zu einem Ganzen vereint, ist ein Wunder des Lebens. Eine neue, unvorhersehbare Kraft erwacht, neue Energien werden frei.
Wage es und dieses Wunder kann sich auch in deinem Leben vollziehen. Grenze nichts aus, bewerte nicht mehr, sondern lass allem seinen Raum. Das, was als schwierig oder unmöglich erschienen war, birgt das größte Geschenk in sich.

Während sich die Alchemistin dem Werk des Vereinigens ganz hingibt, löst sie ihre eigenen Programme und Egokonzepte auf. Ein neuer Seinszustand erwacht in ihrem Wesen. Und dort, in ihrem Herzen, erstrahlt ein helles, klares Licht. Dies ist das Licht ihrer eigenen Seelenkräfte, die sich mehr und mehr entfalten und ausweiten. Eine umfassende Liebesfähigkeit erfüllt ihr Wesen. Sie hat genau das gefunden, wonach sie sich bislang stets gesehnt hatte.

Das Spiegelbild: 3 Selbstfindung

Die Alchemie spiegelt sich im Weg der Selbstfindung. Das ist ein Weg der Begegnung, auf dem sich das Ego auflöst und der freie Seinszustand sich entfaltet. Denn das Selbst ist unbegrenzt. Ein Unterschied zwischen dem Ich und dem Nicht-Ich ist reine Illusion.
Die Vereinigung des eigenen Selbst mit allem, was existiert, findet auf dem Weg der Selbstfindung statt. Der Weg führt hin zu ei-

nem klaren, hellen Licht, in dem sich ein neues, weites Universum erschließt. Es ist das Universum des lebendig liebenden Menschseins.

Der Weg: 14 die Tiefe

Dort in der Tiefe verbergen sich die gebundenen Kräfte. Konzepte und Glaubenssätze sind das, die davon ausgehen, dass das Eine „gut“ und das Andere „schlecht“ wäre. Der Weg der Alchemie führt dich in die Tiefe hinab, die in dir selber ist. Dort blickst du diesen Konzepten in die Augen und erkennst, dass du selbst sie erschaffen hast. Da du selbst der Schöpfer bist, ist es ein Leichtes, diese aus ihrer Wirksamkeit wieder zu entbinden. Das begreifst du und löst sie auf. Mit frischer, erneuerter Kraft steigst du empor. Für den alchemistischen Prozess bist du nun bereit. Du vereinigst das, was bisher als unvereinbar gegolten hatte.

43 Wahrheit

DNA-Code:
E W W

Elemente:
Erde, Wasser, Wasser

Thema 13: Rückbesinnung
Still werdend leuchten die Feuer in den Innenräumen…
…und empfangen.
Das Licht kehrt zum Ursprung zurück
und nimmt auf, wird gewandelt, wird still.
Du gelangst zu einem Tor, das sich bereitwillig öffnet.
Dahinter erschließt sich dir ein Raum, der du selber bist
und den du behutsam betrittst.

Deutung der Karte:
Es gab eine Zeit, in der du zu wissen meintest, was falsch und was richtig wäre. Das „Richtige“ versuchtest du zu tun und das „Falsche“ zu vermeiden. Doch als dein Blick auf die Welt klarer wurde, kamen dir allmählich Zweifel. Allzu oft waren die Verfechter des angeblich Guten zu rücksichtslosen Aggressoren geworden, die gegen die angeblich Bösen erbarmungslos ins Feld zogen.

Du blickst auf die Welt und erkennst ein Farbenspiel in ihr, das du bisher noch nie gesehen hast. Dann siehst du schemenhaft Sphären, die kreisförmig die Welt umspielen. Aus deinem anfangs einfachen und plakativem Weltbild entsteht ein komplexes, aber sehr lebendiges Webmuster voller Dynamik und voller Wechselwirkungen. Die duale Welt von Gut und Böse fällt in sich zusammen und gibt einer weiten, befreienden Wahrheit Raum und Gültigkeit.

Deine Seele strahlt immer größer werdende Freude aus, je mehr du dich von deinem zerfallenden Schwarz-Weiß-Bild der Welt befreien kannst. Du spürst sie, diese aufkommende Freiheit in dir. Du sprengst die Fesseln eines Korsetts, das dir lange schon die Luft zum Atmen genommen hat.

Diese Befreiung geschieht vor allem in deinem Inneren. In der Weltanschauung von Gut und Böse hatte es stets Seelenanteile von dir gegeben, die du verdrängen musstest. Das waren Eigenschaften von dir, die du selbst verurteilt oder für die du dich geschämt hattest. Unzulänglichkeiten und Schwächen hattest du in dir bekämpft, da du selbst sie als „schlecht" verurteilt hattest.
Doch jetzt, in dieser umfassend lebendigen und dynamischen Welt, darf alles so sein, wie es ist. Mit dieser freien Wahrhaftigkeit bist du nun fähig, dich selbst genauso zu lieben, wie du bist. Aus der angeblichen Wahrheit der Be- und Verurteilungen ist die lebendige Wahrheit des Seins geworden.
Du beurteilst dich selbst nicht mehr. Und du hörst auf, andere für dieses oder jenes zu verurteilen.

Das Spiegelbild: 24 Aufrichtung

Durch die befreite Sicht der Welt, durch die urteilsfreie Wahrnehmung der Welt, richtet sich dein Geist auf. Du erkundest auf neue Weise das Leben und die Welt. Und jenes Licht, das dir in den hohen geistigen Sphären begegnet, bringst du zur Erde zurück.
Auch die Bewegungen deines Geistes haben sich gewandelt. Einst hattest du dich nur auf das Licht hin ausgerichtet, da du meinest,

dort oben das „Gute“ zu finden. Nun steigt dein Geist auf und sinkt danach wieder herab, um die reale Welt mit seinen Erkenntnissen zu befruchten. In diesem wechselseitigen Aufsteigen und Herabsinken spiegelt sich die große, vereinende Wahrheit wider.

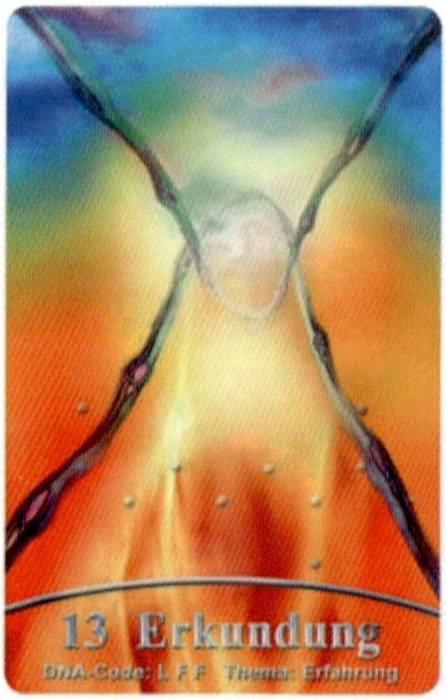

Der Weg: 13 Erkundung

Auf dem Weg der befreiten Wahrheit erkundest du die Welt auf neue Weise. Du erkennst vor allem eines: Da gibt es eine geistige Sphäre oben und eine real sinnliche Welt unten. Diese voneinander zu trennen wäre fatal. Denn solch eine Trennung würde dem Leben jede Dynamik rauben.

Du gehst daher einen neuen Weg. Du bringst das Sinnliche mit dem Geistigen auf einen Punkt zusammen. Dort, wo diese polar unterschiedlichen Kräfte einander berühren, sprühen die Funken. Das, was dann geschieht, ist elektrisierend und gibt dem Leben kraftvolle Impulse.

44 Belebung

DNA-Code:
E W E

Elemente:
Erde, Wasser, Erde

Thema 13: Rückbesinnung
Still werdend leuchten die Feuer in den Innenräumen…
…und empfangen.
Das Licht kehrt zum Ursprung zurück
und nimmt auf, wird gewandelt, wird still.
Du gelangst zu einem Tor, das sich bereitwillig eröffnet.
Dahinter erschließt sich dir ein Raum, der du selber bist
und den du behutsam betrittst.

Deutung der Karte:

Der Wendepunkt kam überraschend. Vieles wolltest du tun, verändern und neugestalten. Doch das Lied deiner Seele war immer stärker geworden. Es hat deine Ausrichtung verändert und dein Blick wanderte von außen nach innen hin. Du nahmst sie wahr, deine Innenräume, die du lange schon nicht mehr aufgesucht hattest. Dein Sinkprozess nahm seinen Lauf.

Es war ein langsames Hinabtauchen auf den Meeresgrund, der du selber bist. Dunkler wurde es und völlig still um dich herum. Obwohl du so vieles geplant hattest und du von alledem jetzt kaum mehr etwas verwirklichen konntest, erlebtest du diese passive Stille äußerst erholsam.

Dort unten, am tiefsten Grund deiner Selbst, berührst du liebevoll und achtsam den Boden. Dadurch geschieht etwas völlig Unerwartetes. Ein warmes magentafarbenes Licht erfüllt und belebt deinen Innenraum. Eine umfassende Liebe erfüllt dich, eine Liebe, die dir selber gilt. All das, was du bist, all deine Erfolge und Misserfolge, all das, was du getan und nicht getan hast, all das, was dir gelungen und misslungen ist, all das ist gut so, wie es ist.

Vor allem erkennst du eines: Die Welt, die du im Außen gesucht hattest, liegt in dir selbst. Das, was du von anderen bekommen wolltest, ist bereits da, in dir selbst. Deine gesamten Erwartungen und Forderungen, die du an andere gerichtet hattest, verlieren gänzlich ihre Bedeutung und Wichtigkeit. Du selbst bist die Welt, du selbst bist das Universum, du bist vereint mit allem, was ist.

Genau das erfüllt dich jetzt mit einer Kraft und Lebendigkeit, die du schon lange gesucht hast. Dies ist eine wahrhafte Belebung deiner selbst, da diese neue Kraft aus deinem eigenen Inneren kommt. Deine eigene Urkraft ist dies, die du selbst durch die liebevolle Berührung deines Urgrundes erweckt hast.

Das Spiegelbild: 25 die Gabe

Mit deinem tatsächlichen inneren Leuchten gehst du wieder nach außen. Du betrittst wieder die Außenwelt und bist offen für Begegnungen. Das, was du in dir selbst erlebt hast, spiegelt sich nun in deinem Leben wider. Ohne zu erwarten empfängst du. Dankbar nimmst du an, was dein Leben dir jetzt offenbart.

Vor allem Inspirationen werden deinen Geist erhellen. Achte dabei darauf, dass du dieses Licht, das du aus den geistigen Sphären empfängst, mit deinem eigenen inneren Licht vereinst. Bringe das Licht, das von oben kommt, nach unten zur Erde und zur realen Wirklichkeit hin. Denn nur so kann es fruchtbringend sein.

Der Weg: 12 der Weg

Es ist der Weg der Wege, der zur Belebung deines Seins führt. Es ist der Weg der Vereinigung, der Begegnung und Verbindung von polaren und gegensätzlichen Kräften. Das, was unten sich befindet, steigt auf. Das, was oben ist, sinkt herab. All dies geschieht wertfrei. Das Licht hat denselben Wert wie jene Dunkelheit, die Geborgenheit gibt.

Wenn polare Kräfte einander berühren, beginnt der Strom zu fließen. Das ist die dynamische Belebung allen Seins. Und diese Begegnung der polaren Kräfte ist der einzig sinnvolle Weg, wenn es um Lebendigkeit geht.

45 Seelenwege

DNA-Code:
E W L

Elemente:
Erde, Wasser, Luft

Thema 13: Rückbesinnung
Still werdend leuchten die Feuer in den Innenräumen…
…und empfangen.
Das Licht kehrt zum Ursprung zurück
und nimmt auf, wird gewandelt, wird still.
Du gelangst zu einem Tor, das sich bereitwillig öffnet.
Dahinter erschließt sich dir ein Raum, der du selber bist
und den du behutsam betrittst.

Deutung der Karte:
Deine Aufmerksamkeit kehrt zu dir selbst zurück. Du blickst in deine Innenräume, in denen allmählich Stille einkehrt. Du öffnest deine Augen nach innen hin und versuchst zu erkennen.
Zuerst siehst du formlose Farbmuster, die sich bewegen und die ineinander verschwimmen. Ein klares Bild ergibt sich daraus vorerst noch nicht. Dann spürst du dein eigenes Herz, nimmst wahr, wie es pulsiert und Wärme in deinen Körper verströmt. Wärme und eine Sehnsucht nach Liebe spürst du.

Dir kommt eine Idee. Du könntest an dich selbst, in deinen Innen-

raum hinein, eine Frage stellen.
„Wohin führen mich meine Seelenwege?“, kommt dir spontan in den Sinn.

Unmittelbar danach klärt sich das formlose Farbenspiel in dir. Ein himmelblauer, freier Raum entsteht, der in der Mitte hell erleuchtet wird. In diesem wolkenlosen Himmel entwickelt sich allmählich eine konkrete Form, eine Gestalt, die dem planetaren Körper der Mutter Erde gleicht. Ja, die Mutter Erde ist es, allerdings in einem Farbenspiel, in dem du sie bislang noch nie gesehen hast.

In diesem mystischen Licht wird dir ein Geheimnis offenbart. Deine eigenen Seelenwege werden sichtbar, wie sie sich mäanderförmig über den Erdball ziehen. Geradlinige Wege gibt es keine, es handelt sich vielmehr um ein tänzerisches Fließen. Mehr und mehr dieser Seelenwege erscheinen. Kreuzungspunkte entstehen, die allesamt eine besondere Bedeutung zu haben scheinen.

Und wo führen sie dich nun hin, diese Wege deiner Seele?
Ein fixes Ziel oder eine konkrete Ausrichtung erkennst du keine.
Gibt es so ein Ziel überhaupt?
Oder geht es vielmehr um diesen Tanz selbst, der dich spielerisch über die Mutter Erde führt?
Es sind frei fließende Spuren, die sich verdichten, dann wieder auflösen, sich zeitweise mit anderen vereinen und dann wieder für sich alleine weiterziehen.

Diese Leichtigkeit erfüllt dich mit einer stillen Freude.
Du spürst wieder dein eigenes Herz, das fraglos liebende Wärme durch deinen Körper fließen lässt.

Das Spiegelbild: 22 Erkennen

In dem Moment, in dem unser Bewusstsein sich mit unserem Herzen vereint, beginnt das

Erkennen. Die bewusste Wahrnehmung der eigenen Seelenlieder und Seelenwege ist eine Kunst. Wenn wir sie erkennen wollen, aber zu viel an Willenskraft dahinter setzen, entschwinden uns diese Bilder.

Du brauchst einen stillen Raum, um mit deiner eigenen Seele zu kommunizieren. Es kann dir gelingen. Fixiere aber das, was du siehst, nicht zu sehr. Übe dich im weichen Blick, mit dem du alles gleichzeitig wahrnimmst, ohne zu fokussieren. Dann kannst du dein eigenes Seelenlicht erkennen und deinen eigenen Weg verstehen.

Der Weg: 11 Visionen

Visionen begleiten dich auf deinen Seelenwegen. Sie sind bildhafte Geschenke, zumeist intensive, kurz aufblitzende Impulse, die dich inspirieren wollen. Sie leuchten deinen Weg vor dir aus, sie wollen dir zeigen, wohin deine Seele sich wenden will und nach welchen Erfahrungen sie sich sehnt.

Schau sie dir an, die Bilder deiner Visionen. Erkenne ihre Bedeutung, doch versuche nicht allzu schnell, sie mental zu verstehen. Nicht selten verliert sich in deren Deutung ihre tatsächliche Bedeutung.

Versuche vielmehr, sie mit deinem Herzen zu erfühlen. Dann werden ihre Hinweise sich dir offenbaren.

46 Selbsterfahrung

DNA-Code:
E W F

Elemente:
Erde, Wasser, Feuer

Thema 13: Rückbesinnung
Still werdend leuchten die Feuer in den Innenräumen…
…und empfangen.
Das Licht kehrt zum Ursprung zurück
und nimmt auf, wird gewandelt, wird still.
Du gelangst zu einem Tor, das sich bereitwillig eröffnet.
Dahinter erschließt sich dir ein Raum, der du selber bist
und den du behutsam betrittst.

Deutung der Karte:

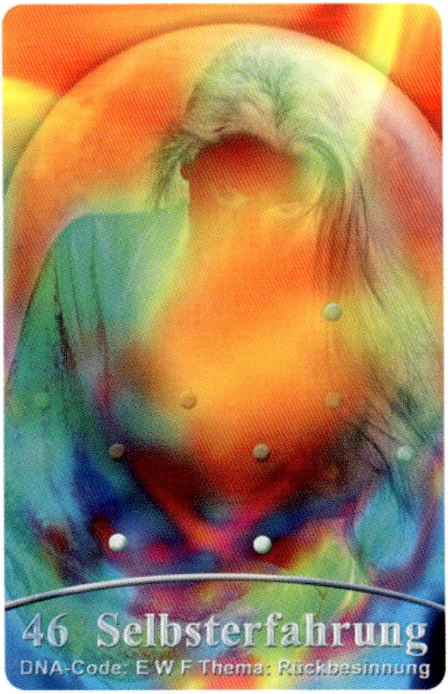

Der aufsteigende Mond legt ein warmes Licht über das Land. Er berührt das Verborgene und das Geheime. Seine einfühlsame Kraft erweckt Vertrauen. Jene scheuen Wesen, die sich tagsüber nicht blicken lassen, kommen jetzt aus ihren Verstecken hervor. Sie sind die Wesen der Stille und der Nacht.
Mit ihrem Erscheinen stimmen sie ein Lied an, das nur jene Seelen hören können, die sich dem Zauber der Nacht hingeben. Dieses Lied pulsiert in einem Takt, der dem Herzschlag der Mutter Erde entspringt. Jedes Leben, das geboren wurde, kennt dieses Lied. Auch dir ist es in besonderem Maße vertraut.

Erinnerst du dich daran?
Spürst du, wie tief es dich in deinem Herzen berührt?
Spürst du auch, wie jene Sehnsüchte in dir erwachen, die tief in deiner Seele auf ihre Erfüllung warten?

Die Zeit steht still. Eine Mischung aus melancholischen und aus euphorischen Gefühlen steigen in dir empor. Dies sind stark bewegende Emotionen, die dein ganzes Wesen in Wallung versetzen. Ein Überschäumen an Empfindungen, wie es sonst nur von Verliebten erlebt wird.

Unwillkürlich sinkt dein Blick nach innen hin. Dasselbe warme Mondlicht, das über dem stillen Land liegt, findest du auch in dir selbst wieder. Du erlebst das Pulsieren deines eigenen Herzens in einer Intensität, wie selten zuvor. Du spürst vor allem, wieviel Leben in dir ist, wie lebendig du in Wirklichkeit bist. Und du wunderst dich darüber, dass du diese Kraft, die du jetzt ganz klar in dir erkennst, nur so selten ausstrahlen kannst.

Deine eigene Liebeskraft ist es, die du jetzt in diesem heiligen Moment erfährst. Jene Liebeskraft, die mit deiner Liebe zu dir selbst beginnt, ehe sie sich dem Leben und der Welt hingeben kann. Genieße all das, was du in diesen Augenblicken erlebst, lass dich davon erfüllen. Denn bald schon wirst du gefordert sein, dich und deine Liebesfähigkeit in der Realität eines neuen Tages zu bewähren.

Das Spiegelbild: 23 Kraft

Dem stillen Zauber des warmen Mondlichtes steht das kraftvolle Sonnenlicht gegenüber. Der Tag mit seinem geschäftigen Tatendrang und die Nacht mit ihrer reflektierenden Ruhe sind polare Erscheinungen, die ohne einander nicht sein können. Sie sind Spiegelbilder, die ineinander übergehen.
Das, was du in deiner Selbsterfahrung an ei-

gener Liebesfähigkeit gefunden hast, ist die Quelle deiner Lebenskraft. Wie angenehm die Stille der Nacht auch sein mag, verharre nicht in ihr. Das Leben fordert dich auf, wieder hinaus zu gehen, etwas zu wagen und im hellen Licht des Tages in Erscheinung zu treten.

Der Weg: 10 Umbruch

Gehe ihn, diesen Weg der Selbsterfahrung und der Liebe zu dir selbst. Kehre immer wieder zurück zur stillen Wärme deines Herzens. Sammle dort jene Kraft, die du benötigst, um die Herausforderungen deines Lebens zu meistern.

Deine Seele ist auf Erfahrungen ausgerichtet. Erfahrungen bringen Lebendigkeit und geben deinem Leben einen Sinn. Mit ihnen einher gehen Veränderungen und Umbrüche. Sie bahnen sich an und sie sollen geschehen, damit all das, was du an Liebesfähigkeit in dir selbst gefunden hast, sich auch tatsächlich verwirklichen kann.

47 Liebeskraft

DNA-Code:
E E W

Elemente:
Erde, Erde, Wasser

Thema 17: Stärke
Vielstimmige Gesänge steigen von der Erde empor.
Diese berührenden Lieder entspringen der brennenden Sehnsucht
nach dem reinen Sein.
Sie entzünden in himmlischen Sphären
ein hell aufleuchtendes Licht.
Erwärmend und behütend berührt das Urlicht die Erde.
Kein trügerischer Schein kann sich mehr halten,
sondern vergeht, verflüchtigt sich unter dem klaren Licht.

Deutung der Karte:
Unversehens leuchtet im Inneren der Mutter Erde ein Blitzlicht auf. Das Kleid der Erdenmutter verfärbt sich mit Purpurtönen. Mit dreizehn Strahlen dehnt sich das plötzliche Licht in den kosmischen Raum aus und erzeugt ringförmige Wellen.
Dreizehn, das ist die Zahl, die alles transformiert, die Zahl des Portals und der Schwelle, die ins Ungewisse führt. Man hat uns gesagt, dass wir diese Dreizehn meiden sollten. Aber dennoch sind wir genau davon unendlich fasziniert. Und irgendetwas in uns erwacht gerade, das uns danach drängt,

diese Schwelle jetzt zu überschreiten.

Du erlebst die spontane Entladung der Liebeskraft, die aus dem Urlicht kommend deine Welt erreicht hat. Diese Kraft der Liebe erscheint stets unerwartet, verändert alles, bis in die letzte Zelle hinein. Das, was dir gerade noch wichtig war, verliert seine Bedeutung. Etwas ganz anderes gewinnt an Bedeutung in diesem hellen, klärenden Licht.

Kennst du diesen Blitz der Liebe?
Erinnerst du dich daran, wann er dich zum bislang letzten Mal getroffen hatte?
Erinnerst du dich an all die begeisternden und aufwühlenden Gefühle, die damit einhergegangen waren?

Es bedarf einigen Mutes, sich darauf einzulassen. Nicht selten verschließen wir uns ängstlich davor, um von solch einem Liebesblitz keinesfalls wieder berührt zu werden. Denn wir wissen, dass danach nichts mehr so bleibt, wie es war. Dennoch ist da diese Sehnsucht in uns, die sich genau das so sehr wünscht.
Wenn dieser Lichtblitz in dir aufleuchtet, beschenkt dich das Urlicht mit unsagbarer Kraft. Es erscheint, um mit der Mutter Erde und jetzt mit dir seinen kosmischen Liebestanz zu vollführen. Nimm dieses Geschenk an und erlebe das Mysterium der Liebe.

Das Spiegelbild: 28 Mutterliebe

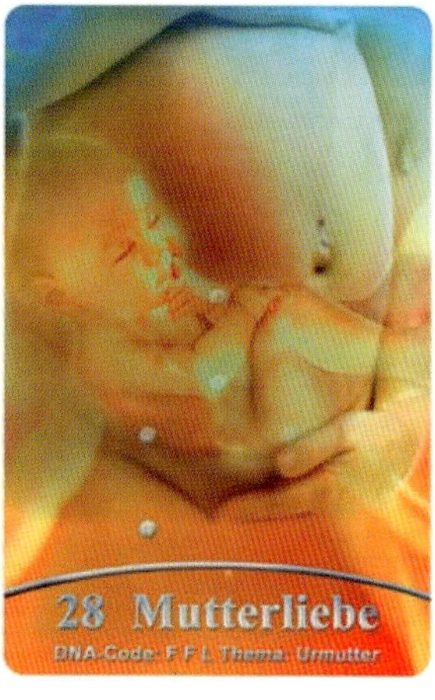

Das mitunter grell aufleuchtende Urlicht ist die Urgestalt der männlichen Kraft. Wenn es gänzlich ohne Ankündigung so unversehens erscheint, kann und soll es dich aus deinem Konzept bringen.
Ja, lasse dich davon durchdringen, auf jeden Fall. Achte aber auch darauf, dass es dich nicht verbrennt. Das Spiegelbild des Urlichtes ist die Urmutter mit ihrer sanft nährenden Mutterliebe. Das Feuer der Urmutter ist nicht

brennend, sondern wärmend.
Wenn das kraftvolle Urlicht dich durchdringt, wende dich gleichzeitig auch an die Urmutter, die Mutter Erde. Sie kennt die Kraft des männlichen Lichts sehr genau und weiß, wie sie dich in Balance halten kann.

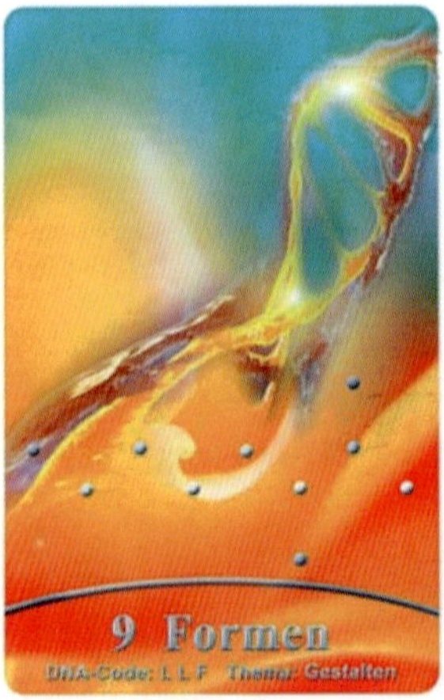

Der Weg: 9 Formen

Der Weg, um mit der spontan erscheinenden Liebeskraft umzugehen, beginnt mit der Ausbalancierung der Kräfte. Das brennende Feuer soll zu einem wärmenden werden, damit es nährend sein kann.
Aus dem nährenden Feuer heraus entfaltet sich dann deine Schöpferkraft. Eine schier unendliche Fülle an Energien umgibt dich, die du kreativ umsetzen kannst. Du bist fähig, Dinge auszuformen und zu gestalten, die weit über das Bisherige hinausreichen.

48 Strahlkraft

DNA-Code:
E E E

Elemente:
Erde, Erde, Erde

Thema 17: Stärke
Vielstimmige Gesänge steigen von der Erde empor.
Diese berührenden Lieder
entspringen der brennenden Sehnsucht
nach dem reinen Sein.
Sie entzünden in himmlischen Sphären
ein hell aufleuchtendes Licht.
Erwärmend und behütend berührt das Urlicht die Erde.
Kein trügerischer Schein kann sich mehr halten,
sondern vergeht, verflüchtigt sich unter dem klaren Licht.

Deutung der Karte:

Über lange Zeiträume hinweg haben die Kräfte sich versammelt. Seit jeher haben sie gewusst, dass ihre Zeit kommen wird. Sie haben sich genauso angeordnet, wie es ihren ureigenen Wesenszügen entspricht und wie sie miteinander die bestmögliche Wirkung erzielen können. Auf den richtigen Zeitpunkt haben sie geduldig gewartet. Und dieser große Augenblick ist jetzt gekommen.

Jene Initialzündung, mit der alles beginnt, erhellt impulsiv den kosmischen Raum. Ein neuer Stern wird geboren und mit ihm eine neue Welt. Ringförmig breiten sich Ereigniswellen in die Weiten des Raumes aus. Sie verkünden die Sternengeburt dem gesamten Universum. Mit einem dreizehnstrahligen Leuchten erschafft dieser neue Stern seinen Raum, den er von nun an mit seinem Licht erfüllen und mit all seinem Wesen beleben wird. Seine einzigartige Geschichte beginnt jetzt, in diesem großartigen Moment.

So wie dieser Stern mit seinen neuen Welten geboren wird, so haben sich auch in dir und in deinem Leben auf einmalige Weise die Kräfte gesammelt. Es liegt nun an dir selbst, dass du sie zum Erstrahlen bringst. Die Initialzündung liegt in deinen eigenen Händen. Die Entscheidung für das Erstrahlen deines wahren Seins, diese Entscheidung alleine reicht bereits aus, um den Startimpuls für etwas Großartiges in deinem Leben freizusetzen.

Eine reine Lichtkraft ist es, die durch dich in dieser Welt in Erscheinung treten will. Rein und klar ist dieses Licht. Es kann sich nicht verstellen, es kann nichts vortäuschen, was es nicht wäre. Es kann lediglich so sein, wie es tatsächlich ist.
Lebe dieses Licht, das du tatsächlich selber bist. Versuche dabei aber keineswegs, irgendwelchen Ansprüchen oder Erwartungen anderer zu genügen. Das würde dir beim Erwachen deiner bedeutsamen Strahlkraft im Wege stehen.

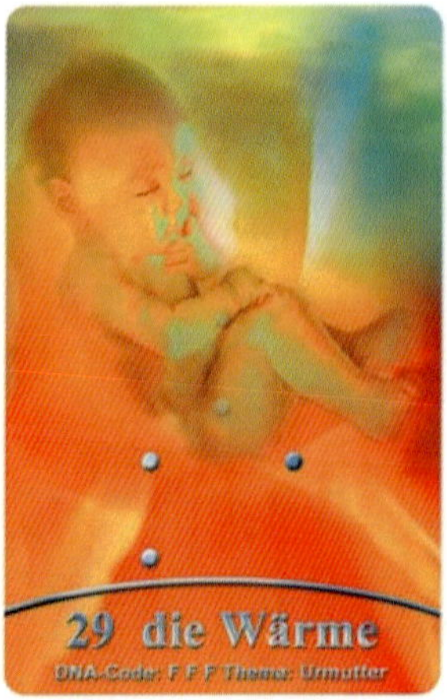

Das Spiegelbild: 29 die Wärme

Dieses reine Licht, das in dir mit solch spontaner Kraft erstrahlen will, findet sein Spiegelbild in der Wärme der Urmutter. Dieses reine Licht ist voller männlichem Tatendrang. Sinnvoll verwirklichen kann es sich allerdings nur dann, wenn es von der Urmutter empfangen wird und seine impulsive Kraft in ihr das neue Leben erweckt.
Das Licht der Sonne alleine würde in den Weiten des Weltalls in einer Bedeutungslosigkeit verebben. Erst die Mutter Erde gibt

ihm seinen Sinn. Wann immer in deinem Leben das Licht so stark erblüht, führe es in jene weiche, weibliche Wärme, die der Urmutter zu eigen ist. Versehe das Licht in dir mit der Kraft der Liebe. Denn nur so kann es seine Bestimmung erfüllen.

Der Weg: 8 Gedeihen

Der Weg des strahlenden Lichtes ist der Weg des Gedeihens. Leben soll aus ihm entstehen. Darin liegt der grundlegende Sinn seiner Existenz.

Auf dem Weg des Gedeihens sucht das Licht nach seinem Urgrund, den es befruchten kann. Seine impulsive Kraft braucht den empfangsbereiten Boden, in dem es seine Erfüllung finden kann.

Wenn du solch eine intensive Strahlkraft in dir erlebst, suche nach jenen Menschen, denen du sie schenken kannst. Suche nach jener Vereinigung, die in der Liebe von Mann und Frau sich vollziehen will.

49 Bewusstsein

DNA-Code:
E E L

Elemente:
Erde, Erde, Luft

Thema 17: Stärke
Vielstimmige Gesänge steigen von der Erde empor.
Diese berührenden Lieder
entspringen der brennenden Sehnsucht
nach dem reinen Sein.
Sie entzünden in himmlischen Sphären
ein hell aufleuchtendes Licht.
Erwärmend und behütend berührt das Urlicht die Erde.
Kein trügerischer Schein kann sich mehr halten,
sondern vergeht, verflüchtigt sich unter dem klaren Licht.

Deutung der Karte:
Mit dem erwachten Bewusstsein beginnt das Fest der Polarität. Gegensätzlich geladene Kräfte initiieren miteinander ein Spiel, das allmählich in einen begeisternden Tanz übergeht. Zwischen den beiden Polen entfaltet sich ein anziehender Magnetismus, über den in befruchtender Weise Energien ausgetauscht werden. Gegensätze ziehen sich an und bereichern einander, sobald dein Bewusstsein im klaren Licht erkennt, dass nur beides das Ganze ergibt.

Beides, das ist dein fühlend spü-

rendes Herz und dein logisch denkender Verstand.
Beides, das ist das Oben und das Unten, das Aufsteigen und das Hinabsinken.
Beides, das ist die weiblich intuitive Kraft und die männlich mentale, das Frau-sein und das Mann-sein, zwischen denen sich das Liebesspiel entfalten will.

Kennst du den klassischen Zwiespalt zwischen Herz und Verstand?
Das Herz fühlt und spürt das eine, doch der Verstand versucht dies mit logischen Argumenten zu widerlegen.
Hörst du zumeist auf dein Gefühl oder auf deinen Verstand?

Beachte, dass dein Bewusstsein in einer neuen, freien Weise zu erwachen beginnt. Und dieses erwachte Bewusstsein beleuchtet stets beides, in gänzlich wertfreier Weise. Sowohl die Intuition, als auch das mentale Erkennen.
Beides, das ist dein Schlüsselwort.

Denn siehe, was geschieht, wenn deine Welt an beiden Polen zu strahlen beginnt. Dadurch entwickelt sich ein freies Fließen der magnetisch polaren Kräfte. Dieses Fließen erst erzeugt das Licht der Klarheit. Aus diesem elektrischen Fließen heraus entsteht jedes Licht, jenes Licht vor allem, durch das dein Bewusstsein klar zu erkennen beginnt. Aus dem anfänglichen Zwiespalt wird ein Fest, das den Raum um dich herum erhellt und dir neue Perspektiven eröffnet.

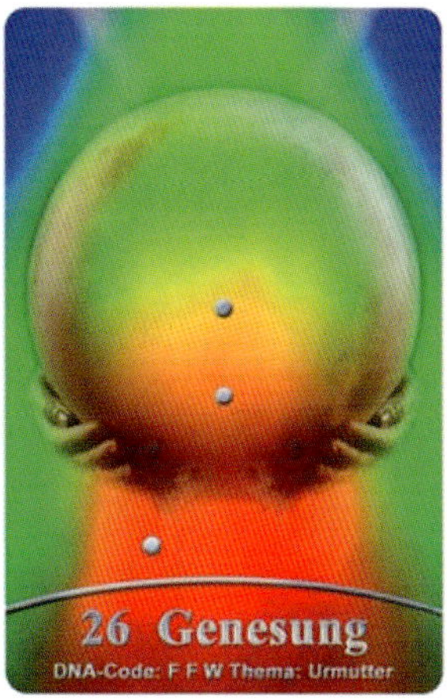

Das Spiegelbild: 26 Genesung

Wenn über lange Zeiträume hinweg nur der mentale Verstand oder nur das intuitive Erspüren gelebt wurden, sind Verletzungen vorprogrammiert. Denn die einseitige Beleuchtung des einen Pols bringt den anderen Pol zum Erlöschen. Die Dominanz des einen

führt zum Widerstand des anderen.
All jene Wunden, die du durch solch Einseitigkeiten selbst erlebt hast, bedürfen der Heilung. Lass dich hinabsinken in den Schoss der Mutter Erde. Denn sie, die Urmutter nimmt dich liebend und nährend auf. Mit ihren zärtlichen Händen umhüllt sie dein gesamtes Wesen. So können sich Heilung und Genesung vollziehen.
Diese Genesung deines Wesens ist die Voraussetzung für die Klärung deines Bewusstseins.

Der Weg: 7 Sehnsucht

Spüre sie, die Bilder der Sehnsüchte in dir. Durch Traumbilder steigen sie aus der Tiefe empor und bevölkern deinen Geist. Es ist dies die Sehnsucht nach dem wahren Sein.
Eine brennende Sehnsucht ist dies, bei der es um eine lang ersehnte Vereinigung geht. Dein mentaler Geist will durch emotionale Traumbilder inspiriert werden. Und deine gefühlsbetonten Sehnsüchte wollen vom klaren Licht deines Bewusstseins erleuchtet werden.

50 Mut

DNA-Code:
E E F

Elemente:
Erde, Erde, Feuer

Thema 17: Stärke
Vielstimmige Gesänge steigen von der Erde empor.
Diese berührenden Lieder
entspringen der brennenden Sehnsucht
nach dem reinen Sein.
Sie entzünden in himmlischen Sphären
ein hell aufleuchtendes Licht.
Erwärmend und behütend berührt das Urlicht die Erde.
Kein trügerischer Schein kann sich mehr halten,
sondern vergeht, verflüchtigt sich unter dem klaren Licht.

Deutung der Karte:

An die Dunkelheit der Nacht hattest du dich bereits gewöhnt. Du hast diese Stille genossen, die mit ihr einher gegangen war. Das tiefe Blau hatte dich wohlwollend umhüllt und mit dem beruhigenden Leuchten des Sternenhimmels beschenkt.

Ein feuriger Lichtball verändert unerwartet das gesamte Szenario. Du bist erstaunt und bewegt zugleich. Diese vielfärbige Kugel überstrahlt alles und lässt das Nachtblau im Hintergrund versinken. Diese Kugel dreht sich schneller werdend und erzeugt eine zunehmende Dynamik in deinem eigenen Inneren. Woher sie kommt, bleibt dir vorerst noch verborgen.

Eines wird dir schnell klar. Das, was du hier siehst, ist ein Geschenk und eine Herausforderung zugleich. Eine enorme Kraft wird dir in deine Hände gelegt. Oder genauer gesagt eine Kraft, die seit jeher in dir war, wird wiedererweckt und belebt.
Allmählich freundest du dich mit ihr an und du spürst deine eigene Stärke. Du nimmst wahr, wie dein Leben durch deine Adern pulsiert. Du erkennst, dass diese, deine Kraft jetzt von dir gelebt werden will. Kraft, Stärke und Mut sind Eigenschaften, die in dir aktiv geworden sind.

Licht und Kraft sind enorm schnelle und dynamische Energien. Sie alleine können zwar nichts erschaffen. Sie können aber den Prozess des Erschaffens und des Gedeihens auslösen. Sie sind Impulsgeber, die nach jenem fruchtbaren Boden suchen, in dem sie ihren Lebenssinn finden und in dem sie ihre Impulskraft verwirklichen können. Sie sind die männliche Urkraft, die stets nach ihrer Gefährtin sucht.

Nicht herrschen zu wollen, darin liegt die größte Herausforderung jeder Lichtkraft. Der wahre Mut besteht darin, das starke innere Licht nicht als persönliches Eigentum zu betrachten, sondern sich hinzugeben. Sich in erwartungsfreier Liebe mit dem Urgrund zu vereinen und diesen Urgrund behütend zu wärmen, darin liegt die Bestimmung des Lichtes.

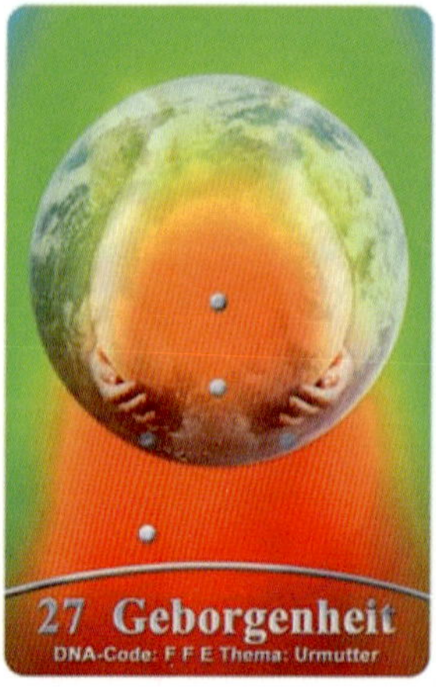

Das Spiegelbild: 27 Geborgenheit

Und siehe da, in seinem Spiegelbild erkennst du den Ursprung, aus dem der feurige Lichtball hervorgegangen war. Es war die Mutter Erde selbst, die diese Kraft mit ihrer nährenden Liebe in sich getragen hatte. Durch ihre fürsorgliche Geborgenheit waren dein Mut

und deine Stärke gereift.
Jetzt hatte sie das Licht geboren und aus ihrer mütterlichen Obhut entlassen. Nun liegt diese Kraft in deinen eigenen Händen. Nimm sie an, nutze sie und gehe behutsam damit um.

Der Weg: 6 Empfindungen

Der Weg des Mutes und der Kraft wird immer wieder bedeutsame Entscheidungen von dir verlangen. Triff sie zügig, diese Entscheidungen, aber nicht überhastet. Es ist eine Kunst, im richtigen Moment spontan zu reagieren oder innezuhalten.
Das, was dich diese Kunst lehren wird, kannst du in deinem eigenen Inneren finden. Es sind deine eigenen Empfindungen und Träume, die du mit der Dynamik deines Mutes vereinen solltest. Ziehe dich immer wieder auch in dich selbst zurück, um die Lieder deiner Seele zu spüren und zu hören.

51 Wertfreiheit

DNA-Code:
E L W

Elemente:
Erde, Luft, Wasser

Thema 18: Geist
Alles, was du bisher geglaubt hattest
versinkt und verliert rasch an Gültigkeit.
Alles ist nun eins.
Du befindest dich im wertfrei ruhenden Raum
der ausgeglichenen Kräfte.
Das entzündet in dir eine neue Liebesfähigkeit.
Alle Fäden deines Lebens laufen nun in dir zusammen.
Du verflechtest sie frei und mit offener Liebe
zu einem gänzlich neuen Gewebe.

Deutung der Karte:
Über dem stillen See erhebt sich der Mond. Seine aufsteigende Bewegung begleitet dein Geist, der die angestrengten Gedankenmuster des vergehenden Tages hinter sich lässt und weit wird. Deine Emotionen verfließen in einer wertfreien Stille. Sie hören auf, heftig zu reagieren, entspannen sich, stellen nicht mehr alles in Frage, sondern öffnen sich dem Zauber der nächtlichen Geborgenheit.

Nachdem deine Augen sich an das weiche Licht des Mondes gewöhnt haben, bist du erstaunt über das Farbenspiel, das sich jetzt über das Land legt. Du siehst in diesem wertfreien Licht jene Muster und Verbindungen, die dir im strengen Licht des Tages verborgen geblieben waren. Du kannst jetzt um Vieles tiefer hineinblicken, du nimmst transzendente Bereiche wahr und nimmst deren Schönheit in dich auf.

Was war geschehen?
Der Tag hatte dich in seine Strenge verstrickt, du bist dem Spiel der Unterscheidungen, der Beurteilungen und der Bewertungen verfallen gewesen. Du wolltest selbst gut dastehen, du wolltest dich selbst in einem glänzenden Licht gesehen wissen. Du hast gekämpft, um unter den besten zu sein. Du hast gewonnen und du hast verloren.

Doch wozu das Ganze? Wozu dieser Kampf, um vorne mit dabei zu sein?
Was wolltest du eigentlich erreichen?
Ging es um Anerkennung? Ging es um Ruhm?
Ging es um Bewunderung?

Vordergründig ja. Du wolltest, dass eine strahlende Aura dich umgibt und die Aufmerksamkeit aller auf dich zieht. Doch im Grunde wolltest du etwas ganz anderes: Du wolltest Liebe. Du wolltest lieben und geliebt werden.
Doch erst jetzt, in diesem weichen Mondlicht, das dir die Wertfreiheit gezeigt hat, erst jetzt öffnet sich dein Herz. Du erwartest nichts mehr, du forderst nicht mehr, du hast aufgehört zu beurteilen. Du bist, so wie du bist. Und deine Fähigkeit zu lieben kann sich nun endlich entfalten.

Das Spiegelbild: 16 Entfesselung

Die wertfreie Öffnung deines Herzens findet in der Tiefe deiner Seele ihren Widerhall. Dort, in deinem tiefsten Seelengrund, werden

dadurch Wünsche und Sehnsüchte wach, die du bisher nicht zu leben gewagt hattest. Du hattest nicht einmal gewusst, dass sie da waren.
Eine Entfesselung von ganz tiefliegenden Gefühlen findet in dir statt. Erst jetzt, in deinem wertfrei gewordenen Feld, dürfen sie an die Oberfläche kommen, um sich zu verwirklichen. All das, was nun nach oben drängt, darf sein. Es will und es soll gelebt werden.

Der Weg: 5 Ausrichtung

Durch den Weg der Wertfreiheit entsteht in deinem Wesen eine gänzlich neue Ausrichtung. Ein bislang verborgener Weg wird sichtbar. Er führt dich in ein unbekanntes, noch nicht klar erkennbares Land. Du siehst aber, dass dieser Weg am Horizont in ein weiches Licht eintaucht.
Dieses sanfte Licht des Mondes kannst du mit hineinnehmen in den kommenden Tag. An diesem neuen Tag wird es dir gelingen, dich nicht mehr in den Kampf um Ruhm und Anerkennung zu verstricken. Stattdessen wird dein Herz offen und weit sein, und vor allem zur Liebe bereit.

52 freier Flug

DNA-Code:
E L E

Elemente:
Erde, Luft, Erde

Thema 18: Geist
Alles, was du bisher geglaubt hattest
versinkt und verliert rasch an Gültigkeit.
Alles ist nun Eins.
Du befindest dich im wertfrei ruhenden Raum
der ausgeglichenen Kräfte.
Das entzündet in dir eine neue Liebesfähigkeit.
Alle Fäden deines Lebens laufen nun in dir zusammen.
Du verflechtest sie frei und mit offener Liebe
zu einem gänzlich neuen Gewebe.

Deutung der Karte:
All das, was du zu wissen meinst, ergab sich aus deinen bisherigen Erfahrungen. Hinter dir liegt ein weiter Weg, den du bereits gegangen bist. Das, was du erlebt hast, hat dich geprägt. Vieles von dem hat dich bereichert, doch einiges davon trägst du als Last in deinem Gepäck mit dir.

Blicke einen Moment lang auf jenen Lebensweg zurück, der hinter dir liegt.
Welche Ereignisse und Erlebnisse wiegen schwer?

Welche Enttäuschungen und Verletzungen belasten dich?
Was kannst du nicht vergeben und nur schwer hinter dir lassen?

Die Lasten der Vergangenheit werden allerdings nur dann zur Last, wenn du selbst das Erlebte als belastend bewertest. Jede Art der Bewertung und Schuldzuweisung erschafft eine Fixierung, macht unbeweglich und hält fest. Durch die Bewertung entsteht eine Schwere.

Doch die Zeit ist reif für deinen freien Flug!
Ändere jetzt deinen Blickwinkel und blicke auf den Weg, der vor dir liegt. Erlaube den Urkräften des Lebens, deinen Geist zu klären. Die Mutter Erde selbst stellt dir eine befreiend abziehende Kraft zur Seite, die festgefahrene Strukturen aufweicht und ins fließen bringt. Das Festhalten an vergangenen Verletzungen soll nicht mehr dein vor dir liegendes Leben gestalten. Dein Geist darf aus vergangenen Bindungen sich erheben und frei fliegen. Das darf und soll jetzt geschehen.

Sobald deine Gedankenkräfte die befreiende Klärung durchlaufen, verändert sich die Welt. All das, was war und dich bisher umgab, färbt sich neu. Ein warmes, harmonisch lebendiges Farbenspiel erneuert deine Welt. Ein freier, wertfreier Raum entsteht um dich herum, in den hinein du dich erhebst. Und siehe da, aus der bisherigen Welt wird eine lebendig fließende neue Welt geboren. Sie beginnt sich schrittweise neu zu gestalten und reale Form anzunehmen.

Das Spiegelbild: 17 Sinnlichkeit

Die Lust am Leben und das Erleben der lustvollen Sinnlichkeit spiegeln sich im freien Flug wider. Wenn sich dein Geist aus vergangenen Verletzungen befreit und belastende Erfahrungen hinter sich gelassen hat, bricht eine neue Ära in deinem Leben

an. Dann entsteht jener freie Raum, in dem die sinnliche Lust und Lebensfreude gelebt werden kann.
Durch die Sinnlichkeit erlebst du dich selbst mit all deinen Sinnen. Du erfährst, wie du selbst eine erneuerte Gestalt annimmst. Du wirst aus dir selbst heraus neu geboren, sobald du gestattest, dass die Lust dein gesamtes Wesen erfüllt und durchströmt.

Der Weg: 4 Orientierung

Blicke nicht mehr zurück!
Siehe da, vor dir liegt ein Weg, der dich bald schon in eine erneuerte Welt führen will. Dort, in der Mitte der neuen Welt, hat der Urcode sich aktiviert, um deinem Leben eine neue Form zu geben.
Wenn du das Vergangene hinter dir lassen kannst, beginnt dein freier Flug. Dein Geist richtet sich neu aus und kann eine klare Orientierung finden. Du erkennst, was zu tun ist und findest deinen Weg.

53 befreite Liebe

DNA-Code:
E L L

Elemente:
Erde, Luft, Luft

Thema 19: Liebe
Du öffnest dich und nimmst auf.
Doch halte nichts fest! Alles fließt.
Alles wandelt sich und die Liebe verwandelt alles.
Bedingungsfrei liebend bist du in allem und alles ist in dir.
Im freien Raum des sich drehenden Lichtes
erspürst du das Mysterium des Lebens
durch die befreite Liebe in deinem Herzen.

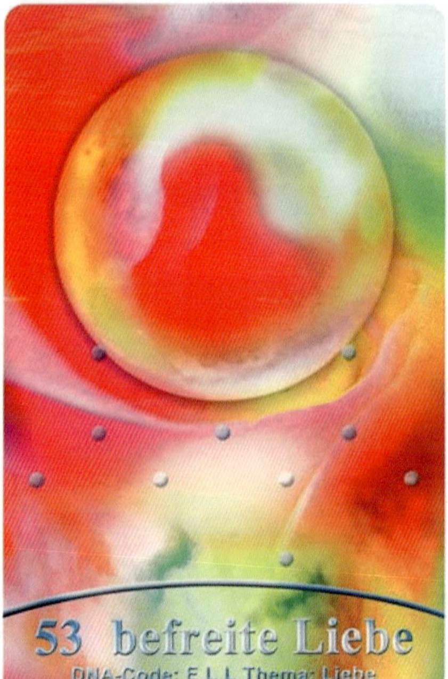

Deutung der Karte:
Eine Befreiung findet statt. Die Liebe ist es, die sich aus einer langen Gefangenschaft entbindet und auf dem Weg zur freien Entfaltung sich befindet.
Der Mond steigt auf. Doch sein gewohnt silbernes Licht verwandelt sich völlig im Freudentanz der gelungenen Befreiung. Die Freude taucht die Atmosphäre in magentafarbenes Leuchten, macht den Raum leicht und lässt die Liebesgefühle frei fließen. Der Himmel über dir und die Erde unter dir öffnen sich. Erfrischende und belebende Düfte steigen aus dem Inneren der Mutter Erde empor, die sich mit dem farbenfrohen Licht des Himmels vereinen. Das größte

Geheimnis des Lebens vollzieht sich um dich herum. Es ist das beglückende Mysterium der Liebe.

Doch beachte eines:
Wer bist du, wenn du eintauchst in den frühlingshaften Tanz der Liebe?
Versuchst du die Liebeskonzepte, die du bisher hattest, wieder aufleben zu lassen?
Erinnerst du dich daran, weshalb die Liebe so lange gebunden war und nicht fließen konnte?
Oder bist du bereit, dich zu verlieren, dein erdachtes Ich, das sich von Ego-Programmen alleine nährt?

Genieße diese Leichtigkeit des Seins. Schenke deiner Liebesfähigkeit ihre wiedergewonnene Freiheit, schenke sie ihr dauerhaft. Sieh doch, wie wohl sie sich fühlt und wie sehr sie den Raum um dich herum verzaubert.
Binde sie nicht mehr ein in Erwartungen, Forderungen und Verpflichtungen. Denn nur dann, wenn du ihr freiheitsliebendes Wesen erkennst, achtest und respektierst, wird sie dich nachhaltig beglücken und erfüllen können.

Lass diesen beglückenden Frühlingszauber einsinken in dein Herz, lass dich durchdringen davon bis ganz in dein tiefstes Wesen hinein. Selbst wenn der Mond am westlichen Horizont wieder versinkt, wird dieser Zauber in dir weiterleben.

Das Spiegelbild: 14 die Tiefe
Dort, in der Tiefe, war die Liebe einst gebunden. Die Angst vor Verletzungen, einst erlebten Kränkungen, aber auch der Versuch, die Liebe abzusichern, all das waren die bindenden Kräfte.
Immer wieder geht es darum, dass du in diese Tiefe hinabsteigst und den verborge-

nen Ängsten in die Augen siehst. Du hast dann die Kraft, diese zu durchlichten, um mit neuem Elan wieder empor zu steigen. Wichtig dabei ist es vor allem, dass du Vergangenes loslässt.

Der Weg: 3 Selbstfindung

Der Weg der Liebe bringt die Auflösung der Ego-Strukturen mit sich. Das Ego begrenzt sich selbst, hält fest, fordert, stellt Ansprüche. Das Ego geht davon aus, dass es eine Grenzlinie gibt zwischen dem Ich und dem Anderen.

Die befreite Liebe hingegen löst diese Grenzen gänzlich auf. Das Ich verfließt mit dem Du. Die befreite Liebe erkennt, dass du mit all dem, was dich umgibt, untrennbar verbunden bist.

Alles ist eins. Für das Ego ist das unverständlich, während es für die Liebe selbstverständlich ist.

54 Hingabe

DNA-Code:
E L F

Elemente:
Erde, Luft, Feuer

Thema 19: Liebe
Du öffnest dich und nimmst auf.
Doch halte nichts fest! Alles fließt.
Alles wandelt sich und die Liebe verwandelt alles.
Bedingungsfrei liebend bist du in allem und alles ist in dir.
Im freien Raum des sich drehenden Lichtes
erspürst du das Mysterium des Lebens
durch die befreite Liebe in deinem Herzen.

Deutung der Karte:

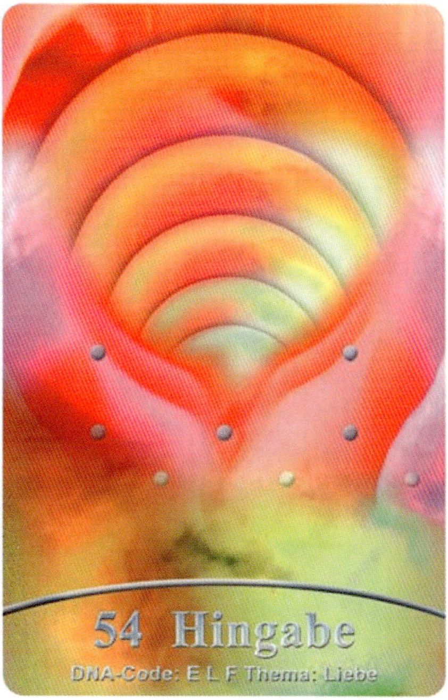

Der Urgrund der Erde gibt sich vertrauensvoll dem Licht hin. Der Schoß der Mutter Erde öffnet sich und empfängt. Gefühlvoll senkt sich allmählich das Licht herab und befruchtet den empfangsbereiten Boden. Die kosmische Hochzeit vollzieht sich und erfüllt die Atmosphäre des Raumes mit belebenden Gefühlen. Diese Vereinigung verwandelt und bezaubert alles.

Diesen beglückenden Rausch an Emotionen wirst du dauerhaft nicht halten können. Du wirst ihn aber wieder und wieder erleben, wenn du das Geheimnis der bedingungsfreien Liebe erkennen kannst. Das herabsinkende Licht ist nicht das Eigentum der Mutter Erde. Genauso wenig wie sich das Licht nicht im Besitz der Erdenmutter befindet. Diese liebende Vereinigung der gegenpolaren Kräfte ist ein Geschenk, sie ist das größte Geschenk des Lebens. Sie kann nicht erwartet oder gar gefordert werden. Sie ist eine fließende, sich wandelnde Kraft, die sich hingeben und schenken will.

Kannst du dich in der Liebe öffnen und hingeben?
Kommen Ängste in dir hoch, wenn du dich in eine solch bedingungsfreie Hingabe hineinfühlst?
Befürchtest du, in der Liebe verletzt zu werden?
Oder betrachtest du die Hingabe gar als Geschäft, durch die du Ansprüche stellen und einfordern kannst?

Solange dein Liebesleben mit Erwartungen, Forderungen und Besitzansprüchen verknüpft ist, wird es schwierig und verletzend bleiben. Doch gerade diese sich hingebende Urkraft des Lebens will sich frei entfalten, um dich mit lustvollen Freuden erfüllen und beschenken zu können.
Das Leben selbst fragt nicht, was geschehen wird, nachdem die Vereinigung durch die Hingabe sich vollzogen hat. Es lässt die Liebe zu, jederzeit. Und sobald du dich selbst zu lieben gelernt hast, wird dieses Geschenk auch in deinem Leben Einzug halten.

Das Spiegelbild: 15 das Erspüren

Wenn der Urgrund sich dem Licht hingibt und sich mit ihm vereint, ergießt sich ein Strom an Gefühlen und Emotionen. Tauche hinab in die Tiefe dieser Gefühle, ohne Wenn und Aber. Lass dich fallen und verfließe darin. Erspüre all das und genieße es in vollen Zügen. Tauche dann aber daraus wieder empor und sieh, was geschehen ist. Dort unten, in der Tiefe, wurde eine neue Welt geboren, die du nun selber bist. Ein neues Leuchten umkreist dich und strahlt von dir aus. Eine Kraft ist in dir erwacht, die dich lebendig hält. Die Urkraft des Lebens hast du in dir wiedergefunden.

Der Weg: 2 Wanderung

Wenn du die Schönheit der Hingabe einmal erlebt hast, wirst du sie wieder und wieder erfahren wollen. Das wird dir auch gelingen.
Doch bleibe nicht stehen, verharre nicht in ängstlicher Erwartung. Bleibe in Bewegung und gehe weiter. Gehe ihn, deinen Lebensweg und sei dir gewiss, dass eine Fülle an Liebeserfahrungen dich auf deinem Weg erwarten.
Die fließende Beweglichkeit ist es, die dir die Liebe ermöglicht.

55 Wahrnehmung

DNA-Code:
E F W

Elemente:
Erde, Feuer, Wasser

Thema 6: Erfahrung
Fasziniert nimmst du auf, horchend und lernend.
Du ziehst los über das Land und atmest tief ein,
nimmst das, was dir begegnet, tief in dich auf.
Im Lied deines Herzens verschwimmen die Grenzen.
Du weitest dich und beginnst selbst zu verfließen.
Du formst dich neu,
indem du mit der Weltenseele dich vereinst.

Deutung der Karte:
Der Ort deiner Erfahrungen ist die Mutter Erde. Deine Erdenwege sind es, auf denen all jene Ereignisse stattfinden, die dein Wesen mit Erkenntnissen bereichern.
Die Impulse hingegen, welche deinen Geist beflügeln und begeistern, kommen aus jenen geistigen Sphären, die über dir existieren. Feurige, unerwartete und spontane Impulse sind dies, die korrigierend einwirken und deinem Weg ab und an eine andere Richtung geben wollen.
Die Kunst besteht darin, dass du deine Wahrnehmung nicht nur auf eine dieser Ebenen fokussierst. Der spirituelle Weg alleine würde dich entwurzeln und vom Leben

selbst entfremden. Eine reine Verstrickung auf nur irdische Belange hingegen würde deinen Geist verschließen und für begeisternde Impulse unempfänglich machen.

Wie sieht es in deinem Leben gerade aus?
Bewegst du dich hauptsächlich in geistigen, spirituellen Sphären?
Wartest du darauf, dass „von oben“ jene Hilfe kommt, die alles regelt und bereinigt?
Findest du all die irdischen Dinge „zu minder“ und flüchtest du dich lieber in eine transzendente Welt?
Oder ist es umgekehrt, sind dir nur äußere und materielle Dinge wichtig?
Lassen dir die Herausforderungen des täglichen Lebens keinen Freiraum?
Hast du aufgrund von Existenzängsten das Gefühl, dass du um dein Überleben kämpfen musst?

Solange deine Ausrichtung auf eine dieser beiden Ebenen alleine konzentriert bleibt, wird sich dein Leben in einem Ungleichgewicht befinden. Es geht jetzt definitiv darum, dass deine Wahrnehmung sich weitet!
Über der Erde leuchtet ein inspirierendes Feuer auf. Weite deinen Geist und lass dich davon begeistern. Dieses Feuer beleuchtet die Mutter Erde und bringt Veränderungen mit sich. Das kann sich allerdings nur dann vollziehen, wenn du dich selbst, deinen Körper, dein Leben und deine Erdenwege zu lieben lernst. Deine Liebesfähigkeit ist es, die aus geistigen Sphären inspiriert wird und dich gleichzeitig mit der Realität der irdischen Wirklichkeit vereint.
Ein Erdenwesen bist du, das aus sphärischen Quellen inspiriert wird.

Das Spiegelbild: 20 Vertrauen

Wenn deine Wahrnehmung sich weitet, erkennst du die Schönheit von beidem. Die

faszinierende Schönheit der realen irdischen Welt und die inspirierende Schönheit der spirituellen Impulse.
Immer dann, wenn das Licht mit der Mutter Erde einen kosmischen Liebestanz vollzieht, öffnet sich der Urcode des Lebens. Dann ist alles möglich. Du kannst darauf vertrauen, dass alles, was in deinem Leben geschehen will, voller erfüllender Lebendigkeit sein wird.
Vertraue dem Leben, der Mutter Erde und den lichtvollen Impulsen aus der transzendenten Welt.

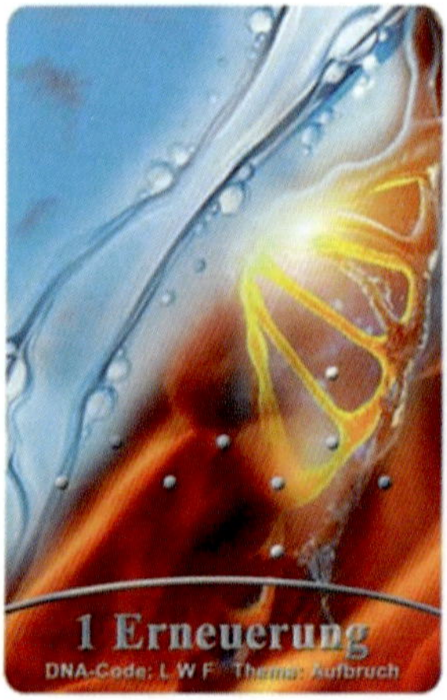

Der Weg: 1 Erneuerung

Deine Wahrnehmung wird weit. Du erkennst, wie sich vor dir die kosmische Hochzeit vollzieht, indem das Licht mit der Mutter Erde den Liebestanz feiert.
Dadurch erwachen deine Lebenskräfte, mit feurigen Impulsen und mit geschmeidig fließenden Bewegungen. Starke Impulse beflügeln deinen Geist, neue Kräfte erwachen in dir. Du bist lebendig.
Nutze deine erwachte Lebendigkeit, um dich selbst zu erneuern. Nutze den frischen Wind, um über fiktive Grenzen hinaus zu gehen. Dies ist eine gute Zeit, um das Leben in vollen Zügen zu genießen.

56 Spiegelung

DNA-Code:
E F E

Elemente:
Erde, Feuer, Erde

Thema 6: Erfahrung
Fasziniert nimmst du auf, horchend und lernend.
Du ziehst los über das Land und atmest tief ein,
nimmst das, was dir begegnet, tief in dich auf.
Im Lied deines Herzens verschwimmen die Grenzen.
Du weitest dich und beginnst selbst zu verfließen.
Du formst dich neu,
indem du mit der Weltenseele dich vereinst.

Deutung der Karte:

Du hast alles im Griff. Du kennst deine Aufgaben, deine Verpflichtungen, deinen Weg. Du weißt, was du von anderen erwarten kannst, du weißt was du geben musst, um dies und jenes zu bekommen. Du weißt Bescheid und hast ein klares Bild von der Welt. Dir ist klar, wer und was du bist.
Eines Morgens siehst du dich im Spiegel. Das ist nichts Ungewöhnliches, doch diesmal geschieht etwas Sonderbares. Dein eigenes Spiegelbild nimmt den gesamten Raum ein und du beginnst dich darin zu verlieren. Es verschwimmt die Grenzlinie zwischen deinem Ich und dem, was du nicht bist. Du

kannst dich selbst von deinem Spiegelbild nicht mehr unterscheiden.

Ein Mann spricht dich an, du kennst ihn nicht. Dennoch erscheint dir das, was er sagt, du selbst zu sein. Ein leichter Wind bewegt die Blätter eines Baumes. Auf einmal wirst du selbst zu dieser Bewegung.
Diese Grenze zwischen dir selbst und dem, was außerhalb von dir ist, löst sich nun vollends auf. Du kämpfst darum, sie wieder zu finden, du versuchst dich wieder zu definieren. Doch das misslingt dir vollkommen.

Allmählich wirst du ruhiger und beginnst wertfrei zu beobachten, was da gerade mit dir geschieht. Nach und nach erkennst du, dass diese Unterscheidung zwischen dem Ich und dem Nicht-Ich nicht existiert. Das, was du bist, ist eine reine Fiktion. Es ist ein Spiel, ein Spiel des Lebens.
Du selbst findest dein Spiegelbild in allem. Und alles spiegelt sich in dir wider. All das, was dich berührt, dich aufwühlt, dich verärgert oder dich begeistert, all das bist du selbst. Alles, was geschieht, alles, was existiert, in all dem bist du. Du bist nichts und du bist alles zugleich.
Du beginnst, dich auf dieses Spiel der „Identität" neu einzulassen. Du beginnst wieder, jemand zu sein. Du beginnst wieder, Aufgaben und angebliche Verpflichtungen zu erfüllen. Doch von nun an weißt du, dass all dies bloß ein Spiel ist. Ernst nimmst du all dies nicht mehr, was dir eine enorme Wahlfreiheit ermöglicht. Und die Erfahrungen, die du daraus beziehst, erfüllen dein Wesen.

Das Spiegelbild: 21 Erschaffen

Die Erfahrung der Spiegelungen hat dein Wesen geweitet. Du hast erkannt, dass du in allem bist und dass es eine Grenzlinie zwischen dir und dem Außen gar nicht gibt. Du

spielst nun mit Freuden das Spiel des Lebens.
Zudem eröffnet das Spiegelbild der Spiegelungen dir den Blick in ein grundlegendes Mysterium des Lebens. Es ist das Wunder des Entstehens, des Erschaffens, das durch die Mutter Erde geschieht. Du erkennst vor allem eines: Alles, was existiert, hat weder einen Anfang, noch ein Ende. Alles Erschaffene war seit jeher da. Alles wandelt sich, vergeht und erneuert sich im Spiel des Lebens. Die gegenseitigen Spiegelungen erschaffen die Dynamik dieses Spiels.

Der Weg: 61 Heimkehr

Wer zum ersten Mal diese Spiegelerfahrung macht, glaubt den Boden unter den Füssen zu verlieren. Denn alles, was als sicher und beständig erschienen war, verliert seine Gültigkeit.
Doch sobald du dich darauf einzulassen beginnst, geschieht etwas Wunderbares. Du kehrst dann nämlich heim, in den Schoß der Mutter Erde. In den Spiegelbildern hörst du ihre Stimme und sie singt dir ein Lied, das dir Ruhe und Kraft gibt. Alles ist gut so, wie es ist.

57 Wachsamkeit

DNA-Code:
E F L

Elemente:
Erde, Feuer, Luft

Thema 6: Erfahrung
Fasziniert nimmst du auf, horchend und lernend.
Du ziehst los über das Land und atmest tief ein,
nimmst das, was dir begegnet, tief in dich auf.
Im Lied deines Herzens verschwimmen die Grenzen.
Du weitest dich und beginnst selbst zu verfließen.
Du formst dich neu,
indem du mit der Weltenseele dich vereinst.

Deutung der Karte:
Du spürst die Unruhe deines Geistes. Dieser Unruhe gehst du nach und erkennst, dass dein Geist nach Erfahrungen sucht, die für ihn jetzt zugänglich wären. Doch noch öffnet sich die Tür dafür nicht, da du vorerst noch meinst, durch Wissen ans Ziel zu gelangen.

Nach Wissen zu suchen ist der erste Schritt, doch dieser bereichert vorerst nur deinen Verstand. Solange du meinst, dass das, was du weißt, du selber wärest, bleibst du hinter einer mentalen Schranke gefangen.
Der Anfang ist nicht das Wort oder der Logos, am Anfang jeder we-

sentlichen Erfahrung steht weit mehr. Sobald du das begreifst, erlangst du mit deinem Geist eine entgrenzte Wachsamkeit. Denn dann gelangst du mit deinem Geist über die mentale Grenze des Verstandes hinaus.

Du wirst weit. Dein Geist erhebt sich, während die Grenzen deines Ichs sich aufzulösen beginnen. Du selbst wirst Teil des sphärischen Feldes der Mutter Erde in einem freien Flug. Du hörst in den Höhen das Säuseln der Winde, die zu vielstimmigen Liedern werden. Mit dynamisch tänzelnder Bewegung treibst du durch das globale Informationsfeld der Erdenmutter.

Durch diese neue Wachsamkeit deines Geistes findet eine Begegnung statt. Ein starker Lichtimpuls berührt dich und erzeugt in dir eine erfrischende Dynamik. Nach genau dieser Erfahrung hattest du gesucht, doch nun vollzieht sie sich so anders, als du es erwartet hattest. Eine Art „Gotteserfahrung" wolltest du machen, du wolltest einem oder „dem" Schöpfer begegnen, der größer als du wäre. Einem Wesen, das über dir stünde und dir sagen sollte, was gut oder falsch wäre.
Doch das, was dir hier in so erfrischender Weise begegnet, unterscheidet sich keineswegs von deinem eigenen Geist. Weder an Größe, noch an Weisheit überragt es dich. Das, was dich hier inspiriert, steht nicht über dir, sondern ist aus demselben Stoff und aus derselben Kraft gemacht, wie du selbst.
Es ist Teil des großen globalen Feldes, dem Informationsfeld, aus dem heraus alles entsteht, vergeht und wiedergeboren wird.

Das Spiegelbild: 18 die Entstehung

Mit dieser Erfahrung kehrst du von deinem freien geistigen Flug zur Erde zurück. Du erkennst, wie die sphärischen Kräfte der Höhen sich im Inneren der Erde widerspiegeln. Das, was aus diesen lichten Höhen kommt, wird von der Erdenmutter empfangen und in

eine reale Form gebracht. Das Licht ist der Impulsgeber und die Erde die kreative Gestalterin.
All das, was du an geistigen Impulsen erlebst, will genauso zu konkreter Form gelangen. Die Ideen, die dir in deine Hände gelegt werden, bringe sie in eine irdische, materielle Wirklichkeit. Lass das konkret entstehen, wonach dein Geist gesucht hat.

Der Weg: 60 Mutter Erde

Durch die befreite Wachsamkeit erhebt sich dein Geist zu freien Flügen. In den hohen Sphären wird er Lichterfahrungen machen und ideenreiche Impulse empfangen. Dieser Weg deines Geistes kann sich allerdings nur dann vollenden, wenn du mit diesen Erfahrungen zur Mutter Erde zurückkehrst.
Denn erst hier auf Erden vollendet sich der Kreis. Hier wollen deine geistigen Erfahrungen zu realen Wirklichkeiten werden.

58 Fortschritt

DNA-Code:
E F F

Elemente:
Erde, Feuer, Feuer

Thema 6: Erfahrung
Fasziniert nimmst du auf, horchend und lernend.
Du ziehst los über das Land und atmest tief ein,
nimmst das, was dir begegnet, tief in dich auf.
Im Lied deines Herzens verschwimmen die Grenzen.
Du weitest dich und beginnst selbst zu verfließen.
Du formst dich neu,
indem du mit der Weltenseele dich vereinst.

Deutung der Karte:

Weiterkommen möchtest du, weil du die Kraft der Evolution in deinem ganzen Wesen spürst. Diese Kraft ist wie ein Aufruf, der an dich, an deine Seele ergeht und der dich sehr tief berührt. Doch so, wie du es dir erträumt und geplant hattest, gelingt es dir nicht.
Woran liegt das?
War dieser Entwicklungsdrang ein Irrtum und bloß Einbildung?
Oder stimmte da etwas im Ansatz bereits nicht?

Das Wort „Evolution“ klingt in dir wider. Je mehr du in die Bedeutung dieses Wortes hinabtauchst, umso großartiger erscheint sie dir. Die Evolution, das ist der gro-

ße Entwicklungsplan der Mutter Erde. Alles Leben ist Teil dieses Plans und du selbst hast diesen Ruf in dir gehört.
Alles ist mit allem verbunden, das weißt du. Im Besonderen gilt das für den Ablauf der Evolutionsprozesse. Bei jedem Fortschritt, den du in deinem Leben vollziehst, geht es keineswegs um das, was du selber willst. Das verstehst du allmählich. Und ja, natürlich, dein „ich will das genau so und so haben", das war ein Ego-Spiel. Du wolltest mit dem Kopf durch die Wände gehen, um das zu erreichen, was dir als erstrebenswert erschienen war. Doch das hatte mit dem Ruf, der deine Seele erreicht hatte, nur mehr wenig gemeinsam.

Du wirst ruhiger, dein eigenes Wollen verebbt und du hörst, wie die Erde sich dreht. Allmählich bekommt dein Leben eine besondere Bedeutung, auch wenn es sich in eine Richtung bewegt, die du nicht erwartet hattest. Und es gelingen dir Dinge, die du dir bislang nicht zugetraut hättest. Der Fortschritt, der im Einklang mit den Kreisläufen der Erdenmutter sich vollzieht, hält Einzug in dein Leben.
Eine tiefe Freude erfüllt dich. Und siehe da, das, was dir gelingt, steigt wellenförmig empor. Du erzeugst durch deine Hingabe an das Leben regenbogenfarbene Wellenmuster, die den Himmel berühren. Sie steigen auf und verbreiten sich fruchtbringend im lebendig gewordenen Weltenraum.

Das Spiegelbild: 19 die Geburt

Dieser Fortschritt deines Lebens, der den Einklang mit dem großen Evolutionsplan gefunden hat, begeistert Gaia, die Mutter Erde. In ihrem Inneren öffnet sich der Urcode des Lebens und bereitet eine Geburt vor.
Dies ist die Geburt einer neuen Lebensform und Lebensweise, die schon lange geplant gewesen war. Das ist diese „neue Welt", von der bereits so viele träumen. Geboren werden kann sie, allerdings nur dann, wenn eini-

ge Menschen allmählich eines begreifen:
Ein Fortschritt, der aus dem eigenen Willen eines einzelnen entspringt, kann niemals nachhaltig sein. Wenn aber das eigene Wachstum in einen Einklang mit den Urkräften der Mutter Erde gebracht wird, kann der nächste bedeutsame Evolutionsschritt vollzogen werden. Dann wird eine neue Welt geboren.

Der Weg: 59 die Lösung

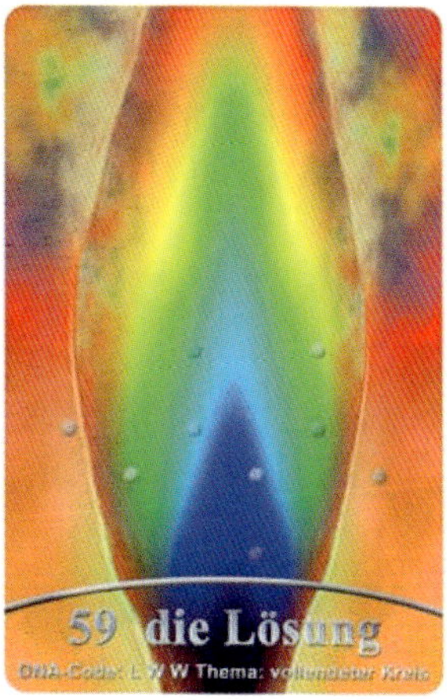

Wenn dir die Dinge nicht so gelingen, wie du es geplant hattest, solltest du auf diese Zeichen hören. Denn das zeigt dir eine Diskrepanz an, eine Unstimmigkeit zwischen dem, was du selber willst und dem, was sich tatsächlich vollziehen soll.
Versuche nichts zu erzwingen, denn die Lösung sieht anders aus. Sie besteht in deiner Einstimmung in das Lied der Mutter Erde. Sobald du damit beginnst, öffnet sich ein Spalt, der immer breiter und letztlich zu einem Portal wird, das du durchschreiten kannst.

59 die Lösung

DNA-Code:
L W W

Elemente:
Luft, Wasser, Wasser

Thema 20: vollendeter Kreis
Du siehst, wie alles aus sich selbst heraus regenbogenfarben leuchtet und strahlt. Während du den Tag zu Ende gehen lässt, dehnt sich das Licht in dir mit frühlingshafter Frische aus. Es macht dich weit. Du versinkst in einem durchlichteten Traumfeld, in dem du den neuen Tag behutsam entstehen lässt.

Deutung der Karte:
Du gelangst zu einer Wand, die dir jegliches Weiterkommen zu verwehren scheint. Und das ausgerechnet in diesem Moment, als du dachtest, dein Ziel endlich erreicht zu haben. Vor dir befindet sich diese scheinbar unüberwindbare Sperre, die nicht greifbar ist. Du hast versucht, dagegen anzukämpfen, sie mit viel Kraft und Energieaufwand zu durchbrechen, doch ohne Erfolg.
Schließlich haltest du inne.

Du lässt los, es gibt nichts mehr, was unbedingt getan oder erreicht werden muss. Und genau darin besteht die Lösung, in diesem Innehalten. In dir wird es still. Da keimt etwas in dir auf, was mehr als eine Hoffnung ist. Eine Gewissheit, ein Urvertrauen ohne jegliche logische Begründbarkeit. Exakt in diesem Moment des Innehaltens öffnet sich in der Wand ein Spalt, der immer breiter wird. Regenbogenfarben ist das Licht, das du dort, hinter dieser sich öffnenden Wand erkennst. Regenbogenfarben und formlos zugleich. Reines, spielerisch leuchtendes Farbenspiel nimmst du wahr. Du siehst aber keine Gestalt, nichts Konkretes, nichts Greifbares. Und dennoch erscheint dir all das Unbekannte dort unendlich verheißungsvoll.

Nun begreifst du, worum es jetzt geht.
Dieser sich öffnende Spalt nimmt die Form eines Portals an, das dich in eine noch unbekannte Welt führen will. Wenn du all dein Gepäck zurücklässt, kannst du die Schwelle dieses Portals überschreiten. Du bist jetzt bereit dazu. Und obwohl du nicht weißt, was dich erwartet, erkennst du dennoch, dass sich dahinter ein weites, freies und erstaunliches Land eröffnet.

Du kennst dieses Land. Du erinnerst dich. Ja, in deinen Traumbildern hast du es schon oftmals durchwandert. Du spürst sie wieder, die Sehnsucht nach diesem weiten Land. Und du beginnst, die Schwelle zu überschreiten.

Das Spiegelbild: Ω1 Omega 1

Du erkennst im Spiegel des offenen Portals die Lösung. Sie besteht im Loslassen, im Verabschieden des bisherigen. So wie die untergehende Sonne das Ende des Tages verkündet, spricht dieses Portal ebenfalls von Beendigung, vom Ende eines Kreislaufs. Denn erst das Ende des einen erschafft jenen Freiraum, der nötig ist, damit das andere erblühen kann.
Die Herausforderung an dich besteht darin, auf die Kreisläufe des Lebens zu vertrauen.

Das Ende ist stets ein Anfang. Damit ein heilsames Vergehen aber stattfinden kann, ist ein Zurücklassen des angesammelten Gepäcks empfehlenswert.
Und siehe da! Der Abschluss lässt eine neue Welt entstehen!

Der Weg: 58 Fortschritt

Stillstand und Fortschritt sind gegensätzlich gepolte Zwillinge, die einander bedingen. Ein Fortschritt kann nur dann stattfinden, wenn ihm zuvor die Zeit des Stillstands und der Bewegungslosigkeit gegönnt wird.
Wenn das Lebensrad ins Stocken gerät, besteht die Lösung in einem Innehalten. Im Zustand der inneren Ruhe eröffnen sich unerwartet neue Möglichkeiten. Genau das ist es, worauf es hinausläuft. Es ist der Fortschritt, der nach der Zeit der Ruhe die Urkraft der Evolution aus sich heraus entfaltet.

60 Mutter Erde

DNA-Code:
L W E

Elemente:
Luft, Wasser, Erde

Thema 20: vollendeter Kreis
Du siehst, wie alles aus sich selbst heraus
regenbogenfarben leuchtet und strahlt.
Während du den Tag zu Ende gehen lässt,
dehnt sich das Licht in dir
mit frühlingshafter Frische aus.
Es macht dich weit.
Du versinkst in einem durchlichteten Traumfeld,
in dem du den neuen Tag
behutsam entstehen lässt.

Deutung der Karte:
Spürst du, wie die Mutter Erde sich dreht?
Schließe deine Augen und konzentriere dich auf ihr planetares Drehmoment. Dann wirst du es spüren können.
Ihre Drehbewegung ist ihr kosmischer Tanz. Höre hin, dann wirst du einen Ton wahrnehmen, einen tiefen, schwingenden Ton, der durch ihre kreisenden Bewegungen entsteht. Aus diesem einen Ton entfalten sich allmählich begleitende Obertöne, die zu einem Lied und zu einem vielstimmigen Chor sich verdichten.

Vor allem eines wollen diese Lieder der Erdenmutter dir jetzt vermitteln. Es geht um das Bewegungsmuster der Drehungen, die Kreisläufe und Zyklen bilden. Kreisläufe vor allem, die sich schließen, die durch ihre Vollendung einen Abschluss ankündigen. Ihr Lied spricht von einem ganz wesentlichen Abschluss, der sich jetzt in deinem Leben unbedingt vollziehen will.
Das ist ihre zentrale Frage an dich:
Was will jetzt in deinem Leben beendet werden?
Hast du den Mut dazu, diesen sich abzeichnenden Abschluss in die Wege zu leiten?

So wie es jetzt ist, kann es nicht bleiben. Es führt daran kein Weg vorbei. In der irdischen Atmosphäre beginnt ein Orkan sich zusammen zu brauen. Dunkle Wolken könnten aufziehen und in einem heftigen Gewitter sich entladen.
Ob dies ausbrechen muss, oder ob die Veränderungen in harmonisch fließender Weise sich vollziehen können, liegt jetzt in deinen eigenen Händen. Es liegt an deiner Entscheidung und an deinem Mut, diesen Weg des Abschlusses und der Veränderungen zu gehen.

Du kannst dir aber sicher sein, dass sie, die Erdenmutter, dich dabei liebevoll begleiten wird, jederzeit. Was auch immer geschieht, sie ist deine dich liebende Mutter, du bist ihr geliebtes Menschenkind.

Eines ist zudem gewiss: Ein vollendeter Kreislauf verändert die Situation deswegen grundlegend, weil etwas großartig Neues entstehen will!

Das Spiegelbild: Ω2 Omega 2

Im Inneren des sich drehenden Orkans spiegelt sich das Abschluss-Codon „Omega 2". Sich dagegen zu wehren macht keinen Sinn. Im Gegenteil, heiße diese Abschlusskraft willkommen. Sie wird das, was zu viel ist, was

sich hemmend in deinem Leben angesammelt hat, beenden. Dies ist die Kraft des klaren Abschlusses, die jedes Lebewesen davor bewahrt, in einer übergewichtigen Maßlosigkeit zu versinken.
Sieh sie dir an, die kugelförmige Erscheinungsform des Omegas. Es symbolisiert den vollendeten Kreis mit seinem warmen Licht, das aus seiner Mitte kommt.

Der Weg: 57 Wachsamkeit

Wenn die Mutter Erde einen Zyklus beendet, ist es ratsam, dass dein wacher Geist seine Antennen ausbreitet. Denn dort, in den atmosphärischen Weiten, wirst du jene Informationen finden, die dich in diesem Prozess unterstützend begleiten wollen.
Die Vollendung eines Kreislaufs wird eine prägende Erfahrung sein mit hohem Wert. Sammle all das, was du in dieser Zeit erlebst, behutsam in dich ein. Behalte aber stets die Orientierung bei. Sei dir bewusst, dass du dich keinesfalls von der Mutter Erde entbinden solltest. Im Gegenteil, bleibe in inniger Verbundenheit mit ihr, denn nur so kann all das, was du jetzt erleben wirst, segensreich für dich sein.

61 Heimkehr

DNA-Code:
L W L

Elemente:
Luft, Wasser, Luft

Thema 20: vollendeter Kreis
Du siehst, wie alles aus sich selbst heraus regenbogenfarben leuchtet und strahlt. Während du den Tag zu Ende gehen lässt, dehnt sich das Licht in dir mit frühlingshafter Frische aus. Es macht dich weit. Du versinkst in einem durchlichteten Traumfeld, in dem du den neuen Tag behutsam entstehen lässt.

Deutung der Karte:
In der Heimkehr mündet jeder Weg, wenn sein Kreislauf sich vollendet. Deine Seele sehnt sich jetzt nach jenem Ort, den sie Heimat nennt. Dies ist ein guter Ort, um sich auszuruhen. Dort wirst du eine Weile verbleiben, ehe ein neuer Weg mit weiteren Erfahrungen und Erlebnissen sich dir eröffnen wird.

Verstehe aber, in welchem Raum diese Heimat sich befindet. Suche ihn nicht auf anderen Planeten und auf fernen Sternen. Du bist ein Menschenkind und du wirst das noch lange bleiben. Deine Urmutter alleine, die Mutter Erde kann dir jenen Heimatsort bereitstellen, nach dem deine Seele sich sehnt. Auch sie, die Erdenmutter wünscht sich sehnlichst, dass du heimkehrst zu ihr.

Mit Grüntönen hat sie ihr Kleid gefärbt. Das ist Ausdruck ihres Liedes, das sie immer dann zu singen pflegt, wenn eines ihrer Kinder nach Ruhe und Geborgenheit sich sehnt. Mit diesen Grüntönen erschafft sie ein nährendes Feld, das dich mit Zuversicht, mit Kraft und mit dem Urvertrauen in das Leben auffüllen wird. Lass diese Geschenke deiner Mutter in dein Herz herein, es wird unsagbar wohltuend für dich sein.

Und siehe da, mit den Farben des Regenbogens erfüllt sich ihre Atmosphäre. Die wenigen Rauchschwaden, die den Himmel noch durchziehen, werden in einem grünen Licht bald vergehen.

Die Regenbogenfarben beinhalten alles, alles was war und alles was noch kommen wird. Dies ist eine gute Zeit, um all jene Ereignisse, die dich bis hierhergebracht haben, nochmals reflektierend an dir vorüberziehen zu lassen. Wie in einem Kaleidoskop werden Bilder von Menschen und Ereignissen aus deinem Leben deine Erinnerungen bevölkern. Schmerzhafte, verletzende, freudvolle und lustvolle Erfahrungen werden dies sein. Schau sie dir an, wertfrei und interessiert zugleich. Denn in allem, was bisher war, sind Erfahrungen für dich gespeichert, die dich bald schon auf deinen neuen Wegen begleiten werden.

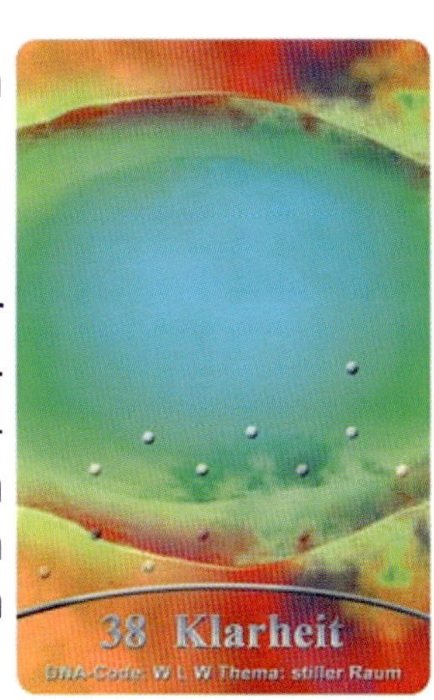

Das Spiegelbild: 38 Klarheit

Inmitten der Heimkehr öffnet sich ein stiller Raum, den du aufsuchen solltest. Einige jener Bilder aus deinem Leben, die an dir vorüberziehen, werden dich wahrscheinlich aufwühlen. Manche Ereignisse könnten dich in emotionalen Wogen mit sich reißen. Doch das solltest du nicht zulassen.

Der stille Raum, den du betreten kannst, ist von einer umfassenden Wertfreiheit geprägt. Aufgebrachte Gefühle und Emotionen kühlen dort ab, wie bei einem Bad in einem klaren See, der dich mit seiner Frische neu belebt. Es ist die zur Ruhe gekommene Klarheit, die von dir in diesem stillen Raum gefunden werden will.

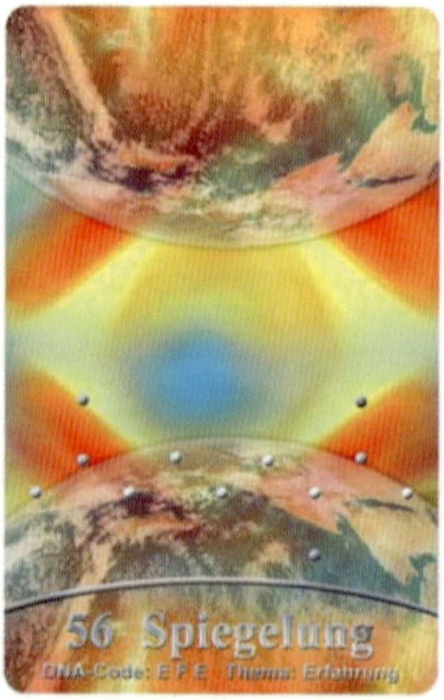

Der Weg: 56 Spiegelung

All das, was du auf deinen weiten Wegen bislang erlebt hattest, sind Spiegelbilder deiner selbst. Besonders das, was dich aufgewühlt und erregt hatte, waren Ereignisse, die sehr starke Resonanzen in dir ausgelöst hatten. Das sind jene Spiegelungen, die deinen Erfahrungsschatz besonders bereichert haben. Jetzt, in der Heimkehr, werden dir diese Spiegelbilder vermehrt in Erinnerung kommen. Sieh sie dir an, denn sie wollen dir wertvolle Geschichten erzählen.

Es gibt keine Grenzlinie zwischen dir selbst und jenen Menschen, mit denen du Lustvolles und Schwieriges erlebt hast. Du bist Teil jenes großen Gewebes, das alles Leben umfasst. Und du bist vor allem das geliebte Kind der Mutter Erde, die dich jetzt liebevoll umarmt.

Ω1 Omega 1

DNA-Code:
W L L

Elemente:
Wasser, Luft, Luft

Thema 0: Abschluss
Während im Westen
farbenprächtig die Sonne versinkt,
dreht sich der Wind.
Die Erde atmet den Tag aus.
Ein Kreislauf ist vollendet,
es ist vollbracht.

Deutung der Karte:

Die Ausgewogenheit der Kräfte ist erreicht. Das impulsive und zielgerichtete Licht verfließt mit dem erfrischend belebenden Wasser. Die wärmend feurigen Kräfte sind mit den kühlend wässrigen Kräften im Gleichgewicht. Die Geborgenheit gebende Dunkelheit der Nacht hält sich mit der aktiven Geschäftigkeit des Tages die Waage. Nur selten kann solch eine ruhige und gleichzeitig lebendige Dynamik erlebt werden.

Dieser Moment sagt dir, dass all das, was getan werden sollte, bereits getan ist. Es geht jetzt darum, keine Aktivitäten mehr zu setzen, sondern innezuhalten. Denn all jene Impulse und all jene kreativen Tätigkeiten, die du bisher gesetzt hattest, suchen nach ihrem Abschluss. Im Moment wäre jeder weitere Schritt einer zu viel. Es geht für dich jetzt darum, abzuwarten und zu beobachten.

Obwohl es für dich um ein Innehalten geht, verlangt diese Situation von dir eine Aufmerksamkeit der besonderen Art. Ein waches Beobachten, wie die Kräfte sich zueinander verhalten und wie sie sich formieren. Sie bereiten ein neues Spiel vor, sie kündigen eine Geburt an, die allerdings noch in der Zukunft liegt.

Auch Mut und innere Bereitschaft wird von dir jetzt erwartet. Es geht dabei vor allem um die Bereitschaft, etwas zu Ende gehen zu lassen. Wahrscheinlich spürst du den inneren Drang, mehr und immer mehr erreichen, oder weiter und immer weiter vorwärts kommen zu wollen. Doch dies ist kein guter Berater für diese Zeit. Gib dem keinesfalls deine Aufmerksamkeit, gib dem jetzt nicht nach.

Lasse dich vielmehr ein auf die Schönheit, die jeder Abschluss mit sich bringt. Du hast sehr viel Kraft und Energie investiert. Auch wenn dir nicht alles so gelungen sein mag, wie du es dir vorgestellt hattest, ist es dennoch gut so, wie es ist. Du kannst auf die Prozesse des Lebens vertrauen. Das, was du erschaffen hast, wird fruchtbringend für dich sein.

Das Spiegelbild: 59 die Lösung

Wenn es dir gelingt, die Ereignisse zu einem Abschluss kommen zu lassen und wenn es dir gelingt, ruhig stehen zu bleiben, hast du verstanden, worum es jetzt gerade für dich geht. Dann wirst du etwas Wunderbares erleben. Denn diese Wand, die dich schon lange begrenzt und eingeengt hatte, öffnet sich plötzlich.

Ein Spalt entsteht in ihrer Mitte und du siehst endlich, was sich dahinter befindet. Deuten kannst du das, was du da siehst, noch nicht. Doch das regenbogenfarbene Licht in den dahinter liegenden Räumen berührt dich. Gehe durch diese Öffnung noch nicht hindurch. Lass aber all das auf dich wirken, was du jetzt gerade erlebst.

Der Weg: 19 die Geburt

Wenn auf deinem Weg die Zeit des Abschiednehmens gekommen ist, wird das nicht selten schmerzhaft sein. Doch gerade die Fähigkeit, einen Menschen auch gehen zu lassen, will von dir erlernt werden. Denn dann erst kann ein freier Raum entstehen, der für das, was neu geboren werden will, so dringend notwendig ist.

Jeder Abschluss und jede Beendigung trägt einen Keim in sich und bereitet eine Geburt vor. Jeder Geburt geht ein Abschluss voraus. Lass dich ein auf dieses Spiel des Werdens, des Vergehens und der Wiedergeburt.

Ω2 Omega 2

DNA-Code:
W L F

Elemente:
Wasser, Luft, Feuer

Thema 0: Abschluss
Während im Westen
farbenprächtig die Sonne versinkt,
dreht sich der Wind.
Die Erde atmet den Tag aus.
Ein Kreislauf ist vollendet,
es ist vollbracht.

Deutung der Karte:
Es ist dir nicht gelungen, etwas loszulassen. Es handelt sich dabei zumeist um einen Menschen, den du nicht von dannen ziehen lassen wolltest. Oder um ein Projekt oder ein Vorhaben, das dir aus den Händen geglitten ist.
Woran denkst du, wenn du diese Zeilen liest?
Welcher Mensch oder welches Projekt fallen dir als Erstes ein?
Was geht dabei innerlich in dir vor?

Omega 2 tritt immer dann auf, wenn der erste Abschlussimpuls, dargestellt von Omega 1, nicht vollzogen werden konnte. Dies ist der deutliche Hinweis darauf, wie wesentlich dieser Abschluss für dich ist. Denn ohne ihn kann das, was bereits in deinem Seelenplan angelegt ist und sich sehnlichst verwirklichen will, nicht stattfinden.

Der Prozess des Loslassens erschafft Lebendigkeit und bringt eine frische Dynamik in dein Leben. Das Loslassen gelingt dir am besten, wenn du das, was es loszulassen gilt, zuerst einmal klar und bewusst zu dir herholst. Sieh es dir gedanklich an, beobachte, welche Bilder von all dem, was du an Schönem und an Schwierigem erlebt hast, in dir aufsteigen. Lass durchaus auch deinen Emotionen, die damit verbunden sind, ihren freien Lauf.

Danach geht es um die Verabschiedung des Menschen oder des Projektes an sich. Es geht für dich nicht darum, etwas Konkretes aktiv zu tun. Es bedarf keiner sichtbaren äußeren Aktion, denn im Außen hat dieser Loslassungsprozess vor langer Zeit bereits begonnen. Es bedarf aber unbedingt deiner inneren Zustimmung. Dein Ja zu dem, was war und was endlich zu Ende gehen will, das ist der wichtigste Schritt für dich jetzt, in diesem Moment.

Weder Verurteilungen, noch Verwünschungen jedweder Art bringen dich dabei weiter. Es geht vielmehr um ein grundlegendes Vergeben. Keinem anderen musst du vergeben, sondern lediglich dir selbst. Was immer du auch getan hast, welche Entscheidungen du getroffen und welche Schritte du gesetzt hast, es ist alles gut so, wie es jetzt ist.

Das Spiegelbild: 60 Mutter Erde

Im Spiegelbild des Loslassens siehst du die Mutter Erde in ihrem schönen planetaren Kleid. „Du bist mein geliebtes Kind“, sind ihre Worte. So klingt ihr Lied, das dich in deinem Herzen erreichen will.
Der aufziehende Wirbelsturm, den du vor allem in deinem Inneren spürst, wird verebben, sobald du dein Inneres Ja zum Loslassen

gegeben hast. Dann wird sie, die Erdenmutter, dich liebevoll umhüllen und all jene Wunden heilen, die du in dir trägst. Du wirst staunen, welch Wunder du daraufhin erleben kannst.

Der Weg: 18 die Entstehung

Der Abschluss und das Loslassen sind wesentliche Ereignisse auf jedem Lebensweg. Versuche sie nicht zu vermeiden, sondern heiße sie vielmehr willkommen. Denn nur mit ihnen kann das Rad des Lebens sich drehen. Das Loslassen ist ein ganz zentraler Wendepunkt in jedem Kreislauf. Es ist der tiefste Punkt, auf den unweigerlich die Entstehung des Neuen folgen wird.

Wenn ein Kreislauf seinen Abschluss findet, kann der Urcode des Lebens sich öffnen. Ein kraftvolles Licht entsteht dann in deinem Inneren. Eine neue Dynamik erfüllt auf begeisternde Weise deine Seele.

Ω3 Omega 3

DNA-Code:
W F L

Elemente:
Wasser, Feuer, Luft

Thema 0: Abschluss
Während im Westen
farbenprächtig die Sonne versinkt,
dreht sich der Wind.
Die Erde atmet den Tag aus.
Ein Kreislauf ist vollendet,
es ist vollbracht.

Deutung der Karte:
Ein Kreislauf soll vollendet werden, ein Zyklus schließt sich und sucht nach einem guten Abschluss. Dies ist eine gute Zeit, um bislang Unerledigtes zu einem guten Ende zu bringen.

Welche offenen Themen in deinem Leben belasten dich am meisten? Wofür fehlt dir noch der Mut oder die Kraft, um es zu vollenden? Was drängt nach einer Lösung? Sieh es dir an und gehe zielgerichtet darauf zu. Jetzt ist ein sehr günstiger Moment, um dies abzuschließen.

Der Abschluss von „Omega 3" ist kein Ende, sondern ein Anfang.

Die Beendigung eines zentralen Themas führt dich über eine Schwelle, hinter der eine neue, große Aufgabe für dich liegt. Eine Aufgabe, die dich erfüllen und begeistern wird.
Diese Karte zeigt im Hintergrund sämtliche Farben des Regenbogens. Das ist das gesamte sichtbare Farbspektrum, das symbolisch für alle Möglichkeiten steht. Nach dem Abschluss öffnen sich für dich Türen und Tore, die dich in einen neuen Lebensabschnitt hineinführen wollen.

Die Mutter Erde heißt dich warmherzig willkommen. Auch in ihr spiegeln sich die Regenbogenfarben wider. Und siehe da, in ihrer Mitte erstrahlt ein helles Licht. Das, was aus diesem Licht hervortreten will, ist im Augenblick nur schemenhaft erkennbar.

Doch eines ist klar: Der Urcode des Lebens öffnet sich für dich, die geöffnete DNA-Helix ist im Erdenkörper sichtbar geworden. Das bedeutet, dass der Urcode sich darauf vorbereitet, um demnächst aktiv zu werden. Aus diesem Urcode heraus wollen sich neue Formen und Gestalten entwickeln, um konkret sichtbar zu werden. Es geht um die reale Verwirklichung von Projekten in deinem Leben, sobald du den Mut aufgebracht hast, Altes hinter dir zu lassen, um die Schwelle zu überschreiten.

Das Spiegelbild: 2 Wanderung

Das, was hinter der Schwelle des Abschlusses auf dich wartet, erkennst du in diesem Spiegelbild. Es ist eine Wanderung auf einem Weg, der dich zur Mutter Erde hinführt. Der Einklang mit dem Leben, mit dem kollektiven Evolutionsplan und mit deinem eigenen Seelenplan, all das ist die Musik, die dich begleiten soll.
Auch auf diesem Bild tritt die geöffnete DNA-Helix in Erscheinung. Das aktiviert deine ureigenen Seelenkräfte, denen du vertrauen kannst. Gehe diesen Weg, der sich vor dir

eröffnen will und gestatte dem Urcode, heilsam und erfüllend in deinem Leben aktiv zu werden.

Der Weg: 15 das Erspüren

Um zu einem guten Abschluss zu kommen, verlangt dein Weg von dir, in die Tiefe deiner Gefühle hinab zu tauchen. Dort wirst du lange Vergessenes wiederfinden, vor allem aber auch verdrängte Kränkungen und emotionale Verletzungen.

Erspüre während deinem Hinabtauchen all das, was dir hier in der Tiefe begegnet. Denn dann kannst du es verabschieden, es endgültig hinter dir lassen und wieder auftauchen. Neue Kräfte erwachen dadurch in dir, lichtvolle Energien, in denen deine Welt neu geboren wird.

Teil 3
Die Doppelhelix

Die Spiralform

Unsere DNA hat die Form einer Doppelhelix. Sie besteht aus zwei **spiralförmig** ineinander verschlungenen Strängen. Auf jedem dieser beiden Stränge befindet sich eine äußerst lange Abfolge von Zeichen, die aus vier genetischen Buchstaben (genauer gesagt vier Basen A, C, G und T) gebildet werden. Dies ist unser ganz individueller DNA-Code. Diese Abfolge besteht aus unvorstellbaren 6,54 Milliarden Zeichen!

Nur um zu verdeutlichen, wie viel das ist: Wir lassen einen Menschen die Buchstabenfolge seiner eigenen DNA abschreiben. Er ist auf seinem PC ziemlich schnell und schafft 300 Anschläge pro Minute. Er arbeitet 8 Stunden pro Tag und 220 Tage im Jahr. Doch siehe da, er kann damit niemals fertig werden, denn er würde 95 (!) Jahre dafür benötigen.

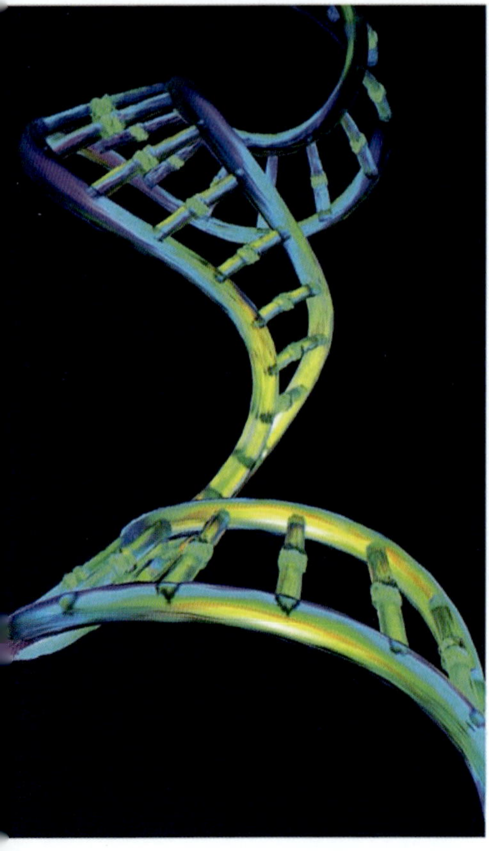

Das ist wirklich eine gigantische Menge an Information!

In jeder einzelnen Zelle unseres Körpers befinden sich DNA-Stränge mit exakt demselben Code. Wir haben etwa 100 Billionen Zellen in unserem Körper. Solch eine Zelle ist also ziemlich klein! Und in jeder Zelle befindet sich eine exakte Kopie unserer eigenen DNA-Helix, die wiederum **spiralförmig aufgewickelt** ist. Jeder DNA-Strang hat eine Länge von etwa 2 Metern! Es sind **enorm viele Spiralwindungen** nötig, damit diese DNA in eine Körperzelle hineinpasst!

Noch ein Vergleich der uns zeigt, welch gigantische Informationsmenge wir in uns tragen: Würden wir all unsere DNA-Stränge aus jeder Zelle unseres Körpers auswickeln (jeweils 2 Meter) und miteinander zu einem Faden verbinden, so hätte dieser Faden eine Länge, die 1000 (!) mal von der Erde bis zur Sonne reichen würde.

Auffallend an der Gestalt der DNA ist deren mehrfache spiralförmige Drehung. Die beiden Stränge der Helix sind spiralförmig ineinander verschlungen. Und diese Gestalt ist wiederum spiralförmig so aufgewickelt, dass sie in eine Körperzelle passt, vor allem in den Zellkern.

Jede Spiralform hat die Fähigkeit, Informationen zu senden und zu empfangen. Wir tragen in uns also eine gigantische Anzahl an „Antennen". Das, was wir als Ausstrahlung oder als „Aura" eines Menschen bezeichnen, wird wohl durch die Informationsmuster der enorm vielen DNA-Antennen erzeugt.
Jene Informationsmuster, die durch unsere DNA entstehen, sind nachweisbar. Der russische Biophysiker Dr. Pjotr P. Garjajev. und sein Kollege, der Quantenphysiker Dr. Vladimir Poponin zeigten das in einem spannenden Experiment.
Sie gaben eine DNA-Probe in ein Vakuum und bestrahlten sie mit Laserlicht. Sie konnten nachweisen, dass durch diese DNA ein ganz spezielles Vibrationsmuster entsteht. Das hatten sie so auch erwartet. Doch dann geschah etwas Erstaunliches. Sie entnahmen die DNA aus dem Vakuum und wiederholten das Experiment mit dem nun wirklich leeren Vakuum. Und siehe da, es war immer noch ein regelmäßiges Wellenmuster vorhanden. Dieses Energiefeld, das die DNA hinterlassen hat, blieb noch wochenlang bestehen.
Durch Kontrollversuche konnten sie nachweisen, dass dieses Muster, das im leeren Vakuum gemessen und sichtbar gemacht werden konnte, eindeutig von der DNA erzeugt worden war. Sie nannten dies den „**Phantom-DNA-Effekt**".

Das zeigt uns auf ziemlich eindrückliche Weise, dass unsere DNA nicht nur ein Informationsfeld erzeugt. Sie hinterlässt Informationen wie eine energetische Spur in jedem Raum, den wir betreten.

Noch ein Gedanke zu unseren DNA-Antennen.
Besonders jene DNA-Spiralen, die sich in unseren Händen befinden, sind wahrscheinlich ziemlich strahlungsaktiv. Das gilt vor allem für unsere Handinnenflächen. Wir können damit sehr gut Energien ablesen und erspüren. Wir können damit aber auch heilsame Impulse aussenden. Das Auflegen der Hände durch einen Heiler ist eine typische Energieübertragung. Das kinesiologische Testen mit den Händen hingegen ist ein Ablesen der Energiemuster des Klienten.
All das ist möglich, da wir mit einem äußerst komplexen genetischen Antennensystem ausgestattet sind.

Die Spiegelung

Schauen wir uns den Aufbau der Doppelhelix etwas genauer an.
Auf beiden Strängen befindet sich eine Abfolge von genetischen Buchstaben, die aus mehr als 6 Milliarden Zeichen besteht. Diese genetischen Buchstaben sind die vier Basen, Adenin (A), Guanin (G), Cytosin (C) und Thymin (T).
Die Reihenfolge, in der sie aufeinander folgen, sind der genetische Code. Der gesamte DNA-Strang ist in mehrere Abschnitte unterteilt, wobei jeder dieser Abschnitte ein Chromosom bildet. Der Mensch hat insgesamt 46 Chromosomen, die unsere äußere Erscheinungsform bestimmen, wie Haarfarbe, Augenfarbe usw.

Die beiden DNA-Stränge spiegeln einander den Code. Wenn wir auf der einen Seite ein A haben, steht dem gegenüber das T (und umgekehrt). Das C spiegelt sich mit dem G.
Haben wir z. B. auf der einen Seite eine Abfolge von A T G A C C A C G, so steht auf der anderen die Spiegelung T A C T G G T G C.

Im Urcode-Orakel werden diese genetischen Buchstaben in Form von Elementen dargestellt. Das A entspricht dem Element Luft, das C dem Element Erde, das G dem Element Feuer und das T dem Element Wasser.

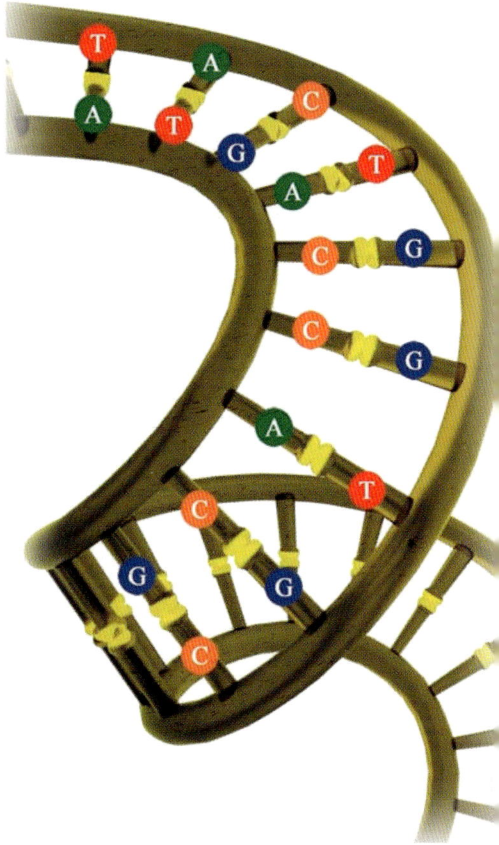

Wenn du im Orakel ein Codon gezogen hast und daraus eine Urcode-Karte bekommst, erhaltest du auch ein **Spiegelbild**.
Im Teil 1 dieses Buches hatten wir den Code L E L (Luft, Erde, Luft) gezogen. Das ergab die Karte 4, Orientierung.
Das genetische A spiegelt sich am T. Für das Orakel bedeutet dies, dass das Element Luft sich am Element Wasser spiegelt. Genauso stehen sich immer C und G, also Element Erde und Element Feuer gegenüber.
Aus dem Code L E L wird daher der Spiegel-Code W F W. Und das ergibt die Karte des Spiegelbildes, nämlich 40, Vereinigung.

Die **Karte des Weges** ergibt sich aus der zweiten Möglichkeit der Spiegelungen. Hier stehen sich Feuer und Wasser, sowie Luft und Erde gegenüber. Der Weg, das ist immer die Herausforderung, die das Leben uns stellt. Jede Herausforderung entsteht durch die Dynamik gegenpolarer Kräfte Der Gegenpol zum Feuer ist das Wasser, der Gegenpol zur Luft (das Reich der Visionen und Gedanken) ist die Erde (die Ebene der konkreten Verwirklichung).
Aus dem Code L E L (Luft, Erde Luft) wird daher E L E, und das ist der Code für die Karte 52, freier Flug.

Die dritte mögliche Art der Spiegelungen ergänzt das System. Hier stehen Luft und Feuer, sowie Wasser und Erde einander gegen-

über. Die Luft belebt das Feuer, genauso wie das Wasser die Erde belebt. Es handelt sich bei dieser Spiegelung um eine förderliche Ergänzung.
Aus dem Code L E L wird der Spiegelcode F W F, der die **Ergänzungskarte** 17, Sinnlichkeit ergibt.

Der genetische Urcode

Wenn unser Körper sich regeneriert, werden veraltete Zellen abgebaut und durch neue, frische Zellen ersetzt. Diese neuen Zellen werden aus Aminosäuren, die zu Peptidketten miteinander verbunden werden, aufgebaut. 20 verschiedene Aminosäuren werden dafür verwendet und jede dieser Aminosäuren hat einen ganz bestimmten Code, der aus drei genetischen Buschstaben besteht. Der **genetische Urcode** bestimmt, welche drei Buchstaben zu welcher Aminosäure gehören.

Der Vorgang des Zellaufbaus beginnt damit, dass sich die Doppelhelix der DNA wie ein Reißverschluss öffnet. Die Messenger-RNA betritt diesen geöffneten Bereich und sucht in der DNA einen Abschnitt, der die Zeichenabfolge T A C hat. Nur wenn sie dies findet, kann der Zellaufbau beginnen.

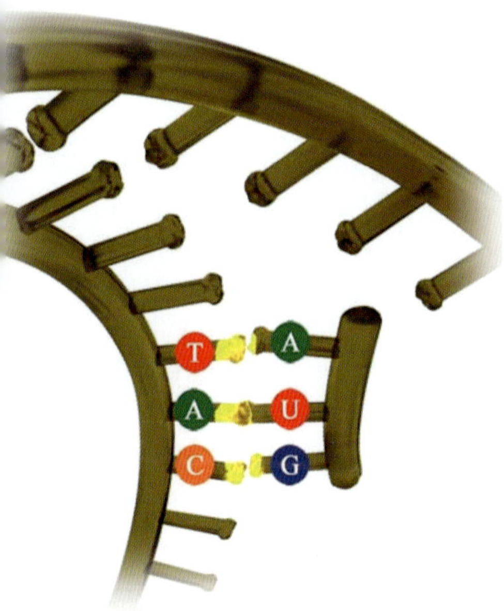

Die RNA kopiert sich diese drei Buchstaben in Form einer Spiegelung. Diese Spiegelung funktioniert (fast) gleich, wie bei den beiden Strängen der DNA. Aus T wird A, aber aus A wird U. U steht für das Uracil, das in seiner Molekularstruktur fast genauso aussieht wie das T Thymin. Das C spiegelt sich wie bisher am G und umgekehrt.

Die RNA kopiert sich den Abschnitt T A C und erhält damit ein A U G. Solch eine Kopie von drei genetischen Buchstaben bilden ein **Codon**. Mit diesem Codon verlässt die RNA den geöffneten DNA-Raum wieder und ruft damit die erste Aminosäure herbei. Das Startcodon A U G steht für die Aminosäure Methionin, die immer am Anfang einer neuen Peptidkette steht.
Weitere RNAs kopieren weitere Codons aus der DNA und rufen weitere Aminosäuren herbei. Die miteinander verbundenen Aminosäuren bauen so nach und nach die neue Zelle auf.

Welcher Code nun welche Aminosäure herbeiruft, ist im Urcode verankert. Dieser Urcode ist nirgends stofflich festgeschrieben, sondern befindet sich in jenem globalen Informationsfeld, welches jede reale Wirklichkeit erzeugt.
Er sieht so aus:

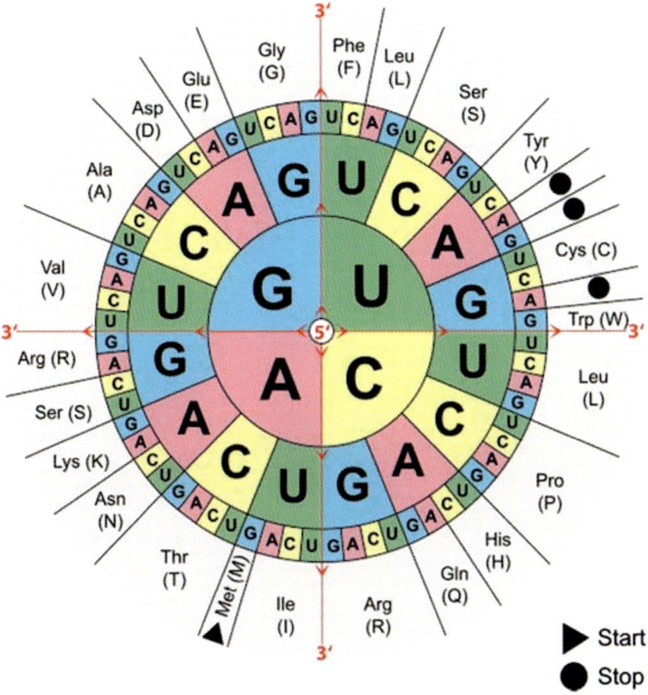

Es beginnt alles mit dem Startcodon A U G und der ersten Aminosäure, dem Methionin. Im Urcode-Orakel wird die Abfolge der 64 Karten (1, Erneuerung bis 61, Heimkehr) genau so abgebildet. Das genetische Codon A U G entspricht den Elementen Luft, Wasser und Feuer, also L W F. Das ist der DNA-Code für die Karte 1, Erneuerung. Und so setzt sich das bei den Karten des Orakels konsequent fort.

Epilog

Wenn wir dieses Kartenset für unsere Lebens- und Seelenfragen anwenden, sind wir mit dem Urcode vollkommen verbunden. Als das Leben auf Mutter Erde entstand, wurde von ihr, der Mutter Erde selbst, dieser Urcode erschaffen. Er ist die Basis für jedes Leben. Er ist die Grundlage für jeden Entwicklungsprozess und für den großen Evolutionsplan.

Unser eigener, individueller Seelenplan ist ein bedeutender Teil im großen Spiel der Evolution. Jeder Seelenweg will dazu beitragen, diesen Evolutionsprozess voran zu treiben. Wenn wir die Stimme unserer Seele zu deuten wissen und wenn es uns gelingt, ihre Anlagen real umzusetzen, fühlen wir uns glücklich und erfüllt.

Um diese Lieder unserer Seele wieder hören zu können und um unserem eigentlichen Lebenssinn wieder näherkommen zu können, wurde dieses Urcode-Orakel kreiert. Möge uns dieser Weg gemeinsam gelingen!

Buchtipps

Katoptron
Handbuch für die Heilung von Programmen

Häufig sind es Störprogramme, die uns daran hindern, unser tatsächliches Potential zu leben und unseren Seelenplan zu erfüllen. Das sind zumeist Glaubenssätze, Versprechungen (uns selbst oder anderen gegenüber), oder Gelübde und Schwüre (aus diesem und aus vergangenen Leben).

In diesem Buch von Werner J. Neuner und Susanne Petschauer erfährst du, wie du deine eigenen Störprogramme aufstöbern und wie du dich davon befreien kannst.

120 Seiten, Softcover, durchgehend in Farbe.
€ 23,- inkl. Versand, bestellbar per Email an info@neunercode.com

Anda Te

Handbuch für den Weg der Liebe

Symbole sind Schlüssel für die Aktivierung von Energiemustern. In diesem Buch findest du jene Anda Te Symbole, die dich auf deinem Weg kraftvoll unterstützen können. Mit vielen praktischen Anwendungen für deinen Weg.

Zentrale Themen:
Befreiung von Belastungen und Schuldthemen, Selbstliebe, Liebe und Partnerschaft, die eigene Schöpferkraft, die Verbindung zur Mutter Erde.

Von Susanne Petschauer und Werner J. Neuner
178 Seiten, Hardcover, durchgehend in Farbe
€ 25,- inkl. Versand, bestellbar per Email an info@neunercode.com

Urcode-Bilder auf Leinwand

Jedes Bild, das du auf den Urcode-Karten siehst, kannst du als Kunstdruck auf Leinwand bei uns bestellen.

Das Bild ist 60 x 80 cm groß, auf Leinwand und auf Keilrahmen aufgespannt.
Das Motiv ist jenes, das du auf den Karten siehst, ohne Beschriftungen.
Es kann, je nach Motiv, eine stark harmonisierende Wirkung auf den Raum haben. Besonders beliebt waren bisher die Bilder von 4, Orientierung und 34, Freundschaft.

Kunstdruck auf Leinwand, 60 x 80 cm, aufgespannt auf Keilrahmen
€ 130,- inkl. Versand in D und Ö, + € 30,- Versand bei Lieferung in die Schweiz.
Bestellbar per Email an info@neunercode.com